W0096025

# Inhalt

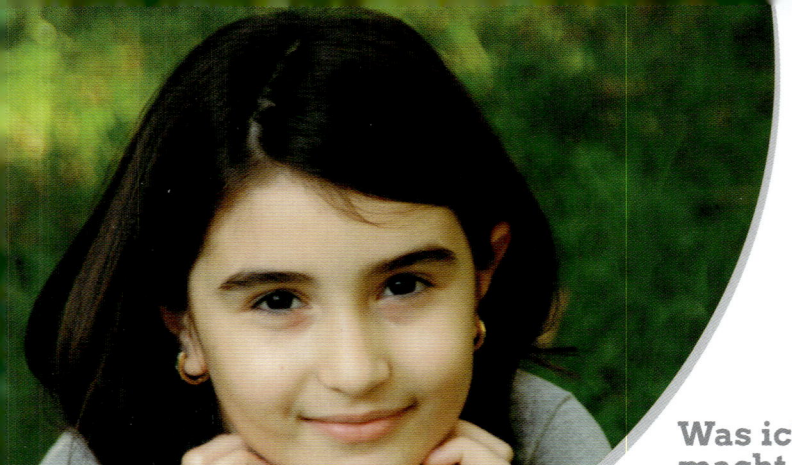

# Einleitung

## Was ich mir vertraut gemacht habe, das macht mir keine Angst mehr

"Mustafa ... der ist ganz anders!"

Elternabend in einer Kita: Ein deutschsprachiger Vater ohne Migrationshintergrund holt aus: „Ja, also, die Türken, die sind ja ...!". Und nun zählt er eine ganze Liste von Eigenschaften auf, die er türkischen Menschen zuschreibt. Da reiht sich Klischee an Klischee, ruhig, unaufgeregt, aber bestimmt vorgetragen. Die übrigen Teilnehmenden – Eltern und ErzieherInnen – schauen leicht irritiert in die Runde. Was soll man dazu sagen? Doch da hebt der Vater zu seinem Schlusswort an und sagt: „.... ja, so sind die Türken! Außer Mustafa, das ist mein Kollege und der ist ganz anders!" Erleichtertes Lachen erfüllt den Raum, was wiederum den Vater leicht irritiert!

Ich bitte ihn um folgendes Gedankenexperiment: „Stellen Sie sich einmal vor, alle Menschen mit migrantischem Hintergrund würden von einem Menschen auf die Art und Weise gekannt, wie Sie Ihren Kollegen Mustafa kennen. Der sogenannte Einheimische wäre mit diesem Menschen gut vertraut und hätte ihn als Persönlichkeit wahrgenommen. Wer bliebe dann wohl übrig, auf den oder die dann noch das Klischee von *den Türken* zutreffen würde?" Das erschien ihm und uns allen wert, überdacht zu werden. Der Aphorismus von Marie von Ebner-Eschenbach („Was ich mir vertraut gemacht habe, das macht mir keine Angst mehr") rundete unsere Überlegungen schlüssig ab.

Diese Begebenheit stammt nicht aus der aktuellen Notwendigkeit, den vielen Flüchtlingen zu begegnen und mit den – individuellen, natürlichen – Fremdheitsgefühlen umzugehen und diese in Vertrautheitsgefühle zu wandeln. Der Elternabend mit dem Thema „Interkulturelle Pädagogik ... eine Chance für mein Kind!" (Schlösser, 2004) liegt etliche Jahre zurück und ist doch so aktuell und brisant in Thema und Einsatzmöglichkeit.

Den einzelnen Menschen im „Strom" erkennen!

Was aus der oben erzählten Begebenheit vor allem deutlich wurde, ist, dass wir damals wie heute den Prozess des Individualisierens brauchen, um den einzelnen Menschen in der Menge, im (Flüchtlings-)Strom zu erkennen und ihn zur Person werden zu lassen. Und wo kann dies besser geschehen als in unseren Bildungseinrichtungen? Wo ist dies leichter möglich, als über die offene Begegnung in den geschützten Räumen der Krippen, Kindergärten und Familienzentren? Wo gelingt dies besser, als über die gemeinsame Sorge um die Zukunft der Kinder – für die, die hier geboren wurden und die, die hier mit ihren Familien Bleibe und Schutz suchen?

## Jede Mutter und jeder Vater ...

... kennt diese Situation: Niemals ist man schneller, persönlicher und interessierter eingebunden in Gespräche, als wenn man mit kleinen Kindern irgendwohin geht. Die meisten Menschen reagieren auf kleine Kinder zugewandt, emotional offen und neugierig. In der heutigen gesellschaftlichen Situation können wir dieses Phänomen nutzen, um Menschen ohne, mit weit zurückliegender und mit akuter Migrationserfahrung zu Begegnungen, Gesprächen und Aktionen zusammenzubringen. Und wir können dies! Unsere pädagogischen Vorerfahrungen aus mindestens 30 Jahren interkultureller Pädagogik helfen jetzt! Kaum eine Kita fängt hiermit bei Null an!

Neu ist heute jedoch der hohe Anteil an Menschen, die nicht auf einfachen, sondern auf gefährlichen Wegen die Migration wählten und umsetzten. Menschen mit akuten Fluchterfahrungen sind heute eher solche, die zumindest zutiefst beeindruckt oder aber traumatisiert sind – bis hin zur Ausbildung einer sogenannten Traumafolgestörung (nähere Informationen dazu s. Seiten 8 ff.) Die Stärke der extremen Belastung macht für den einzelnen geflohenen Menschen die physischen, psychischen und geistigen Folgen aus.

*Interkulturelle Pädagogik ist der angemessen stützende Ansatz*

## Kinder werden zu Flüchtlingskindern ...

... Flüchtlingskinder werden wieder zu Kindern. In diesen Prozess werden ErzieherInnen sowie alle Kinder und Eltern der Kita einbezogen. Sie alle werden zu WegbegleiterInnen dieser Kinder auf dem Weg in eine neue Normalität. Die Integration der geflüchteten Kinder und ihrer Eltern – als Aspekt der Inklusion – stellt dabei hohe Anforderungen an die ErzieherInnen als Individuen und an das System Kita als Ganzes. Der interkulturelle Blick richtet sich auf die Bedürfnisse, Gewohnheiten, Traditionen und Werte aller Beteiligten und berücksichtigt dabei auch ihre persönlichen Biografien und Prägungen. Nationalität, Ethnie, Religion und kulturelle Erfahrungen finden darin wertschätzend und respektvoll ihren Platz.

## Kitas machen sich auf den Weg ...

... und haben die Chance, die Aktivitäten für und mit Flüchtlingseltern als individualisierende Geschichten in die Öffentlichkeit zu bringen, selbstverständlich nur mit Zustimmung dieser Eltern. Hierdurch tragen sie dazu bei, Flüchtlingseltern zu Menschen zu machen, die wir kennen, wie Mustafa. Durch diese individualisierenden Geschichten werden sie zu Persönlichkeiten.

*„Und wer bist du?" als Interesse an individueller Identität*

Wir alle stehen in Bezug auf aktuell zu uns gelangende Flüchtlingsfamilien noch am Anfang der Suche nach unseren pädagogischen Handlungskompetenzen. Wir alle können als gemeinsam Lernende mit einem immensen Gewinn in Form von neuen persönlichen Lebens- und Lernerfahrungen daraus hervorgehen, uns gegenseitig bereichern. Kontakt, Kommunikation und Erfahrungsaustausch sind die mitmenschlichen Mittel, die uns alle stärker machen. Gelingen diese Prozesse, können wir miteinander zu Weltbürgern in diesem Land werden!

**Elke Schlösser und Monika Wieber**

# Zum Aufbau dieses Buches

Um sich auf die verantwortungsvolle Aufgabe der Integration der geflüchteten Kinder und ihrer Eltern einzustellen, ist es wichtig und notwendig, den Blick auf drei Fragestellungen zu richten: Wie kommen die Kinder hier an? Wie gehen wir mit Flüchtlingskindern um, die in unsere Kita kommen? Wie können wir uns und unsere Kita darauf vorbereiten?

Diese Fragen beantwortet das Kapitel **Integrationsimpulse**. Sie finden darin eine Vielzahl konkreter Anregungen, wie Sie die bei Ihnen ankommenden Kinder in ihrer jeweiligen Situation fördern können, wie Sie sich und Ihr Team auf Flüchtlingskinder vorbereiten können und worauf Sie während der Eingewöhnungsphase besonders achten sollten. Zusätzlich erhalten Sie wichtige Hintergrundinformationen zu den Themen „Trauma" und „Traumafolgestörungen".

Das Kapitel **Willkommen im Morgenkreis!** stellt Ihnen Begrüßungsspiele vor, bei denen sich Kinder nicht nur auf Deutsch, sondern auch in einer anderen Sprache begrüßen dürfen.

Das Kapitel **Bewegungsspiele** bietet eine Fülle einfacher und ohne viel Aufwand und Vorbereitung durchzuführender Spiele – ob nun mit Chiffontüchern, Papprollen, Bällen, Zeitungspapier oder einfach nur mit Händen und Füßen.

Im Kapitel **Spiele ohne Worte** finden Sie kooperative Spielideen, die den Wir-Gedanken und den Zusammenhalt in der Gruppe fördern und zum Teil ganz ohne Worte auskommen.

Das Kapitel **Sprachförderspiele** stellt Ihnen abwechslungsreiche Spielideen vor, die mit einfachen Sätzen und Handlungen verknüpft sind.

Im Kapitel **Impulse für die Zusammenarbeit mit Eltern** erhalten Sie eine Vielzahl von Anregungen, mit deren Hilfe Sie die Eltern der Flüchtlingskinder in Ihre Kita einbeziehen können. Die vorgestellten Aktivitäten sind dabei drei Schritten zugeordnet, die sich nach den Bedürfnissen der Eltern aufteilen:

1. In der Kita entlastet werden, 2. Die Kita verstehen lernen und 3. In der Kita aktiv mitarbeiten.

Das **Mini-Bildwörterbuch** im Anhang (ab Seite 80) zeigt Ihnen zu jedem Kapitel thematisch passende Bilder für die nonverbale Kommunikation mit den Kindern und Eltern. Für die vier Spielekapitel sind das in erster Linie Vokabeln rund um die Spielabläufe und Materialien, die dazu benötigt werden. Die Illustrationen zu den Kapiteln „Integrationsimpulse" sowie „Impulse für die Zusammenarbeit mit Eltern" stellen zum einen den kompletten Tagesablauf in der Kita dar, den Sie mithilfe der zusätzlich abgebildeten Uhren bzw. eingezeichneten Wochentage noch speziell für Ihre Kita konkretisieren können, und zum anderen wichtige Begriffe, wie z. B. „Familie", „Elternabend", „ErzieherIn", „Gespräch", „Eltern-Kind-Nachmittag".

Kreis/Morgenkreis

klatschen

# Integrations-impulse

Monika Wieber

## Ein Flüchtlingskind

Was hat es verloren?
**Alles.**

Was ist neu für es?
**Alles.**

Was soll es lernen?
**Alles.**

Was bringt es mit?
**Erfahrungen – Erinnerungen – Bilder**

Was hat es noch?
**Die Hände und die Nähe seiner Eltern
und Bezugspersonen.**

# Wie kommen Flüchtlings-
# kinder bei uns an?

Flüchtlingskinder
bringen ihre Erfah-
rungen aus ihrem
bisherigen Lebens-
weg mit.

Die in Ihrer Kita zu betreuenden Flüchtlingskinder können auf ihrem bisherigen Lebensweg Erfahrungen gesammelt haben, die sich belastend oder sogar
traumatisch auf ihr weiteres Leben auswirken können. Sie wissen nicht, ob und
wann sich im Laufe der persönlichen Lebensgeschichte diese (traumatischen)
Ereignisse zugetragen haben (ob vor, während oder nach der Flucht) und ob
diese zurzeit noch vorhanden sind und Sie primär mit den Auswirkungen und
dem symptomatischen Verhalten der Kinder (und Eltern) konfrontiert werden.
   Ich möchte Ihnen deshalb im Folgenden einige für die Zielgruppe der Kindergartenkinder relevanten Fakten zum Thema „Kind und Trauma" darlegen. Diese
sollen Ihnen dabei helfen, Verhaltensauffälligkeiten als „normale und logische
Reaktionen" auf bestimmte, sehr bedrohlich erlebte Ereignisse verständnisvoll
wahrzunehmen, einzuordnen und fachlich zu begleiten.

## Was ist ein Trauma?

Traumafolgen sind
körperliche und /
oder seelische
Verletzungen.

Unter einem Trauma versteht man ein Ereignis, das der/die Betroffene selbst
oder als Zeuge so massiv und lebensbedrohlich erlebt, dass als Reaktion darauf starke und unkontrollierbare Gefühle von immenser existentieller Angst,
Ohnmacht und Hilflosigkeit sowie ein totaler Kontrollverlust über die Lebenssituation entstehen. Die Folge sind körperliche und/oder seelische Verletzungen sowie zeitweise geistige Einschränkungen. Diese, das Trauma auslösende

Ereignisse können Gewalterfahrungen, Kriegserlebnisse, Vertreibung, Naturkatastrophen, Unfälle, sexuelle Übergriffe, Krankheit, Vernachlässigung, Verlust der Bezugspersonen u. A. sein. Auf dieses Ereignis reagiert der Körper mit einer extremen Stressreaktion und aktiviert eine Art Notfallprogramm, um dieser Bedrohung zu entkommen. Erst wenn erlebt wird, dass die Belastung bzw. Bedrohung vorbei ist, kann sich der Organismus wieder beruhigen. Doch die Eindrücke von diesem Erlebnis können noch lange nachwirken und eine sogenannte Traumafolgestörung auslösen.

## Entwickelt jedes Kind eine Traumafolgestörung?

In täglichen Medienberichten können wir, teilweise live, am Schicksal der Flüchtlinge auf ihrem Weg aus den unterschiedlichsten Ländern nach Europa und in unser Land teilnehmen. Das Mitverfolgen der Stationen dieser Flucht – das Verlassen der Heimat mit den dort bereits gemachten Erfahrungen, die Flucht mit ihrem dramatischen Geschehen und die Ankunft an einem vorläufigen, „sicheren" Ort lassen erahnen, welche Erfahrungen und Bilder jeder erwachsene Mensch, jedes Kind mitbringt. ALLES verloren zu haben, verbunden mit zusätzlicher Bedrohung für Leib und Leben, ist eine traumatische Erfahrung, die oft weit über unsere Vorstellungskraft hinausgeht.

> ALLES verloren zu haben, verbunden mit zusätzlicher Bedrohung für Leib und Leben, ist eine traumatische Erfahrung.

Jedes Kind kann (muss aber nicht) infolge eines traumatischen Ereignisses eine Traumafolgestörung entwickeln. Sogenannte „schützende Faktoren" haben einen Einfluss auf das Entstehen. Dies sind z. B. subjektive Einflüsse, da die emotionalen Widerstandskräfte unterschiedlich ausgeprägt sind und sich in Form von persönlichen Ressourcen als resilientes Verhalten zeigen. Gemeint ist damit die Fähigkeit, sich trotz widriger Lebensumstände körperlich, geistig und seelisch gesund zu entwickeln sowie traumatische Erlebnisse relativ schnell und unbeschadet zu überstehen und zu verarbeiten, kurz: seelische Widerstandskraft zu besitzen.

Diese schützenden Faktoren können jedoch erst ab einem bestimmten Lebensalter entwicklungsbedingt ausgeprägt und erworben werden. Das Alter des Kindes zum Zeitpunkt der Traumatisierung ist somit entscheidend für die Entstehung, Ausprägung oder Bewältigung einer Traumatisierung.

## Symptome und Schutzmechanismen bei einer Traumafolgestörung

Kinder, die als Flüchtlingskinder in Ihre Einrichtung kommen, können bis zu ihrer Ankunft bei Ihnen einen sehr leidvollen Weg gegangen sein. In dieser Situation der erlebten Ohnmacht und Hilflosigkeit entstehen enorme Gefühle der Angst, Wut und Trauer. Diese Gefühle kann auch das Kind extrem erlebt haben oder es erlebt sie immer noch.

Säuglinge und Kleinkinder erleben diese Bedrohung als diffuse Überflutung von Gefühlen. Sie können die Ursache dieser Gefühle keinem real erlebten

Ereignis zuordnen und daher auch noch keine bewussten Bewältigungsstrategien entwickeln. Sie reagieren z. B. mit Unruhe, innerer Spannung, Schlaf-, Ess- und Kontaktstörungen.

Je älter die Kinder zum Zeitpunkt des als traumatisch erlebten Ereignisses sind, desto differenzierter werden Wahrnehmung, Gedächtnisleistung und auch ihr Umgang damit.

Als traumatisch erlebte Ereignisse können sich sehr unterschiedlich zur Traumafolgestörung direkt im Anschluss an das Geschehen oder erst zu einem späteren Lebenszeitpunkt entwickeln und/oder als solche bemerkbar machen. Damit mit diesen als sehr bedrohlich erlebten Ereignissen umgegangen werden kann, hat der menschliche Organismus verschiedene Schutzmechanismen und Selbstheilungskräfte entwickelt:

Um mit den Erinnerungen an diese lebensbedrohlichen Erlebnisses nicht ständig konfrontiert zu werden, kann das betroffene Kind das Ereignis total vergessen (Amnesie) und sich in keiner Weise mehr bewusst daran erinnern. Das Geschehen ist nicht mehr präsent, das Kind kann dazu nichts erzählen. Den gleichen Schutz bietet ihm auch ein Vermeidungsverhalten: Das Kind wird unbewusst alles vermeiden, was es auch nur annähernd an dieses Ereignis erinnert oder es wieder auslösen könnte. Es weigert sich z. B. bestimmte Orte aufzusuchen, mit bestimmten Menschen zusammen zu sein, Tätigkeiten auszuführen usw. Das hat eine permanente Wachsamkeit und Anspannung zur Folge, da es ständig seine Umgebung auf dieses Bedrohungspotential hin überprüft.

*Auffällige Verhaltensweisen schützen vor Erinnerungen.*

In diesem Zusammenhang ist es hilfreich, kurz auf das Trauerverhalten von Kindern zu blicken. Traumaerleben ist, neben den Gefühlen von Angst und Wut, eng mit Trauergefühlen verbunden. Dieses negativ erlebte Gefühl kann von einem Kind nur zeitlich begrenzt ausgehalten werden. Eine weitere „Schutzfunktion" hilft ihm dabei, damit umzugehen und zeigt uns, dass in jeder sehr belastenden Situation das Bedürfnis nach Normalität vorhanden ist. Kinder haben die Fähigkeit, sich punktuell und zeitweise mit traurigen und belastenden Gefühlen auseinanderzusetzen. Das Kind trauert nicht ständig, so wie es ein Erwachsener tut. Bei ihm wechseln sich Phasen der fröhlichen Auseinandersetzung mit der Welt mit Phasen der Traurigkeit und Zurückgezogenheit ab. Aus Ihrer Praxis kennen Sie ganz sicher dieses kindliche Verhalten. Das ist normal, erscheint uns Erwachsenen aber oftmals unverständlich.

## Welches Verhalten kann auf eine Traumatisierung hinweisen?

- Wiedererleben von unerwünschten und unwillkürlich auftretenden Gedanken, Erinnerungen und Gefühlen, ausgelöst durch Schlüsselreize (Gerüche, Farben, Geräusche, Bilder – z. B. rote Farbe erinnert an Blut oder an die Farbe des Schlauchbootes; uniformierte Menschen an Soldaten; Seen, Meer, Wasser- und Wellengeräusche triggern die Fahrt im Schlauchboot, usw.) Das traumatische Ereignis wird dadurch mit all seinen erlebten Emotionen wieder so präsent, als würde es gerade erst geschehen.
- Hyperaktivität, erhöhte Schreckhaftigkeit, Wutausbrüche und aggressives Verhalten

- Konzentrationsstörungen
- Angst vorm Schlafengehen, Durchschlafprobleme, Alpträume
- Posttraumatisches Spiel: wiederholtes, unproduktives, monotones Spiel
- auffällig häufig bemerkbare Trancesituationen, „Tagträume"
- Fantasie-Gefährten als ständige Begleiter
- Rückzug, Trauer
- Vermeidungsverhalten, fehlende Erinnerung
- spezifische und unspezifische Ängste: besonders massive Trennungsängste
- auffällig fröhliches, unbekümmertes, anpassungswilliges Verhalten
- Verharren auf erreichten Entwicklungsstufen oder Regression auf frühere Entwicklungsstufen

Das Kind reagiert mit auffälligen und unerklärlichen Verhaltensweisen.

## Was können wir tun, wenn Kinder auffällig erscheinen?

Sollten Sie in Ihrer Einrichtung Flüchtlingskinder mit für Sie unerklärlichen und auffälligen Verhaltensweisen haben, sprechen Sie dazu die Eltern/Bezugspersonen an, ob es dafür natürliche Erklärungen gibt. Ist dies nicht der Fall und das auffällige Verhalten der Kinder besteht unbeeinflussbar weiter, holen Sie gemeinsam mit den Eltern/Bezugspersonen Rat und Hilfe bei einer psychologischen Fachkraft. Sehen Sie das nicht als Scheitern Ihrer pädagogischen Fähigkeiten. Vielmehr birgt Ihr verantwortungsvolles Delegieren an andere fachliche Zuständigkeiten die Chance auf Hilfe.

# Wie gehen wir mit Flüchtlingskindern um …

… die in unsere Kita kommen? Ihre erste und wichtigste Aufgabe ist es, das Kind bei der Wiederfindung seiner Sicherheit in Ihrer Einrichtung zu begleiten: Sicherheit schaffen und Sicherheit erleben lassen! Mit seiner Bezugsperson! So lange, bis das Kind das Gefühl der Sicherheit wiedererlangt hat:

- Heißen Sie das Kind mit seinen Eltern/Bezugspersonen herzlich und empathisch willkommen.
- Schaffen Sie eine echte Wohlfühlatmosphäre, in der sich die Kinder und Eltern angenommen und in ihrer Situation und ihrem Anderssein wertschätzend empfangen fühlen. Eine Atmosphäre, in der sich jeder sicher fühlen, entspannen kann, die nicht bedrohlich erlebt wird und in der das Kind seinen kindlichen Bedürfnissen nachgehen kann.
- Zeigen Sie Verständnis und Respekt für die individuelle Situation des Kindes und der Eltern/Bezugspersonen.
- Begegnen Sie den ankommenden Menschen „auf Augenhöhe", mit Respekt, Wertschätzung, Achtung und Toleranz.
- Geben Sie dem Kind, den Eltern/Bezugspersonen und auch sich selbst Zeit für dieses Ankommen und Neuorientieren.
- Fragen Sie nach den Bedürfnissen, Erwartungen, Ängsten und Wünschen der Ankommenden und integrieren Sie diese in Ihre Arbeitsweise.
- Seien Sie ein Vorbild, ein „Rollenmodell", an dem gelernt werden kann.

## Wie können wir ein Kind in dieser Situation fördern?

*Das Kind bestimmt mit seinen Ressourcen den Weg und die Zeit.*

Kinder entwickeln sich und lernen unterschiedlich schnell. Dieses Geschehen können Sie tagtäglich bei Ihrer Arbeit beobachten. Und jedes Kind reagiert und verarbeitet Eindrücke individuell und in seinem Tempo. Sie können ihm dabei Anregungen geben, seine persönlichen Stärken und Schwächen berücksichtigen und besondere ereignisbezogene Einflüsse beachten. Doch wie das Kind dieses Geschehen aufgreift und umsetzt, bestimmt es selbst!

Besonders auf Kinder mit Fluchterfahrungen sollten Sie sehr sensibel, einfühlsam, geduldig und verständnisvoll eingehen. Diese Kinder haben „besondere Erfahrungen" auf ihrem Weg zu uns gemacht und „besondere Erfahrungen bedürfen besonderer Methoden". „Besonders" heißt in diesem Fall, dass herkömmliche Erfahrungen und Verhaltensweisen jetzt nicht immer hilfreich sind. Z. B. können Eingewöhnungszeiten wesentlich länger sein, allgemeine und Trennungsängste sich wesentlich intensiver zeigen, Entwicklungsschritte stagnieren oder sogar Rückfälle auf frühere Stufen stattfinden. Protesthaltungen und Verweigerungen können gezeigt werden. Diese und sicherlich noch weitere Verhaltensabweichungen können Sie beobachten und als eine bis zu einem gewissen Grad normale Reaktion auf die vergangenen Ereignisse sehen.

- Lassen Sie das Kind wieder Kind sein. Lassen Sie es spielen, malen, werkeln, sich bewegen, Musik machen, Bilderbücher ansehen usw.
- Schaffen Sie überschaubare Situationen und Strukturen, ohne eine Überflutung mit zu vielen neuen Reizen.
- Werfen Sie dabei „herkömmliche Zeitpläne" über Bord, wenn Sie bemerken, dass das Ankommen einfach länger dauert.
- Erlauben Sie dem Kind, etwas auszuprobieren, neue Erfahrungen zu sammeln, selbst zu entscheiden. Mit Ängsten, Wünschen und Bedürfnissen den neuen Raum zu erforschen, zu erobern und sich auch zu verweigern, sich zurückzuziehen, wenn es das möchte; spielerisch, in seinem Tempo und mit seinen Mitteln.
- Seien Sie sensibel für seine Bedürfnisse und Wünsche. Gehen Sie auf seine Ressourcen und Fähigkeiten ein, aber überfordern Sie es nicht mit Förderprogrammen.

> Das Kind darf wieder Kind sein.

Knüpfen Sie an Bekanntem an:

- Was macht es gerne?
- Was kann es gut?
- Vermeiden Sie Dinge, die das Kind ängstigen können.
- Unterstützen Sie beginnende Kontakte und Freundschaften zu anderen Kindern. Kinder lernen viel und unproblematisch von anderen Kindern.
- Beziehen Sie auch die Eltern der anderen Kindergartenkinder mit ein.
- Vertrauen Sie darauf, dass das Kind das aufnimmt und lernt, was es gerade verarbeiten kann. Und das ist im normalen Kita-Alltag alltagsintegriert, in der spielerischen Auseinandersetzung mit sich, der Umwelt und den anderen Kindern sehr, sehr viel!
- Es lernt wieder Kind zu sein in einer sicheren, strukturierten Umgebung.
- Es lernt sich in einer neuen Umgebung zu orientieren.
- Es hört und lernt schnell eine fremde Sprache mit einer fremden Sprachmelodie, fremden Worten.
- Es sieht andere Menschen mit ihm fremden Umgangsformen, Werten, Verhaltensweisen, Lebensgewohnheiten.
- Es lernt andere Speisen und Essgewohnheiten kennen.
- Es sammelt Erfahrungen, wie mit ihm und seiner Familie umgegangen wird.

## Wie gehen wir mit traumatisierten Eltern der Kinder um?

Ruhe und Entspannung kehren bei einem Kind erst dann ein, wenn keine reale Bedrohung mehr erlebt wird. Sie haben jedoch in Ihrer Einrichtung nicht auf alle Faktoren, die diese Entspannung herbeiführen, Einfluss. Die wichtigsten Bezugspersonen der Kinder – ihre Eltern und ihre Familienangehörigen – könnten ebenfalls durch die Ereignisse traumatisiert sein. Auf diese Erwachsenen haben Sie nur bedingt Einfluss, die Auswirkungen dieser Elterntraumatisierung beeinflussen jedoch Ihre Arbeit mit den Kindern:

- Traumatisierte Eltern/Bezugspersonen können dem Kind evtl. nicht die erforderliche Sicherheit geben.
- Sie übertragen ihre diesbezüglichen Ängste und Verhaltensweisen weiter auf die Kinder.
- Kinder lernen die neue Sprache schneller und übernehmen sprachliche und allgemeine Verantwortung für die Eltern. (Sie agieren als Dolmetscher, „Vermittler zwischen den Welten", übernehmen unausgesprochene oder selbst übertragene Aufträge und können so nicht Kind sein.)
- Das Fluchterlebnis ist zwar vorbei, doch die Erfahrungen, die in der Folgezeit gemacht werden (das laufende Asylverfahren mit all seinen Randbedingungen – unsichere Versorgung der Grundbedürfnisse wie Unterkunft, Versorgung, Alltagsgestaltung, Zukunftsperspektive u.a.), können bestehende Traumatisierungen aufrechterhalten bzw. neu hervorrufen.

Im Kapitel „Impulse für die Zusammenarbeit mit Eltern" ab Seite 67 erhalten Sie eine Vielzahl von Anregungen, mit deren Hilfe Sie die Eltern der Flüchtlingskinder in Ihre Kita einbeziehen können.

## Worauf sollten wir während der Eingewöhnungsphase achten?

Kinder sind von Grund auf neugierig, lernen schnell und nicht alle Kinder mit Fluchterfahrung zeigen auffällige Verhaltensweisen.

Schon in der Ankommensphase kann sich das Kind über das Spiel und im Kontakt mit anderen Kindern in der Regel erstaunlich schnell neu orientieren, erste Worte in der neuen Sprache lernen und diesen Wortschatz und seine Kontakte immer mehr ausbauen, ohne dass gezielte „Förderprogramme" eingesetzt werden müssen.

Berücksichtigen Sie bei allem, was Sie tun, immer die besonderen Lebensumstände dieser Kinder. Vermeiden Sie möglichst alle Situationen, die die Kinder als bedrohlich erleben und die so eine Retraumatisierung herbeiführen könnten. Ein besonderes Augenmerk richtet sich dabei auf die Eingewöhnungsphase. Kindergartenkinder sind generell in einer Phase des altersbedingten Selbstständigwerdens und Ablösens von ihren Eltern/Bezugspersonen. Sie alle haben Erfahrungen mit Kindern in diesem Prozess. Sie wissen, wie schwer oder wie

*Die Eingewöhnungsphase ist der Türöffner zur Integration.*

leicht es den Kindern fällt, sich in dieser neuen Lebenssituation von ihren Eltern/Bezugspersonen zu lösen. Ein Kind, das mit der Erfahrung einer Flucht und der Verlusterfahrung seiner bisherigen Sicherheit zu Ihnen kommt, wird diesen Schritt wahrscheinlich wieder als sehr bedrohlich erleben. Es reagiert mit verstärkten Trennungsängsten (es klammert sich an seine Eltern/Bezugspersonen oder, wenn diese abwesend sind, an Sie) oder zeigt andere auffällige Symptome.

Es braucht ...

- ... seine Eltern oder Bezugspersonen, deren Nähe es spürt. (Und entspanntes Spielen mit den eigenen Kindern in einem sicheren Raum entspannt auch die Eltern.)
- ... Bekanntes, das ihm Halt gibt: sein (neues) Schmusetier, seine Kleidung, seinen alten Rucksack, das Tuch seiner Mama usw.
- ... seinen Platz im Raum, der ihm Sicherheit und Orientierung gibt.
- ... Strukturen und wiederkehrende Rituale, die Vertrauen und Orientierung schaffen.
- ... Alltagsnormalität.

> In einem sicheren Raum geht das Kind seinen Weg.

Ist diese Sicherheit und das Vertrauen in die Umgebung, in die Menschen und in sich selbst wieder da, kann es auch wieder alleine und eigenständig Kind sein. In unterschiedlich schnellen Schritten können sich die Eltern/Bezugspersonen wieder mehr und mehr zurückziehen und das Kind kann es (wieder) aushalten, ohne ihre Anwesenheit in der Kita zu sein. Den Zeitpunkt dafür bestimmt jedoch das Kind! Geben Sie ihm dazu den Raum und die Zeit, die es dafür in seinem eigenen Tempo und mit seinen eigenen Schritten benötigt. Das Kind wird seine kindlichen Bedürfnisse wieder entdecken und diese leben. Es wird Freundschaften und Kontakte aufbauen und sprachlich immer besser kommunizieren. Es ist dann in Ihren Kindergartenalltag integriert und kann dort Ihren konzeptionellen Ausrichtungen entsprechend unterstützt und gefördert werden. Dabei können Sie es und seine Eltern begleiten.

# Wie bereiten wir uns auf Flüchtlingskinder vor?

Fremdes wandelt sich in Bekanntes um.

Familien, die mit ihren Kindern aus anderen Kultur- und Lebenskreisen kommen, ist die Arbeit in Ihrer Kita fremd. Und umgekehrt ist es ebenso: Die Familien, die mit ihren Kindern zu Ihnen aus anderen Kultur- und Lebenskreisen kommen, sind für Sie fremd. Um dieses Fremde in Bekanntes umzuwandeln, bedarf es einer offenen und wertschätzenden Grundhaltung gegenüber dem Unbekannten und Neuem und ein sich daraus entwickelnder kultursensibler Umgang, der sowohl Sie als pädagogische Fachkraft, das gesamte Team, den Träger als auch die ankommenden Kinder und ihre Familien und alle anderen Kinder mit ihren Eltern einbezieht.

Aus diesem anfänglichen „Aufeinander zugehen" entwickelt sich in kleinen Schritten ein „Miteinander weitergehen" und mündet am Ende in einen gemeinsamen Weg. Um diese Arbeit leisten zu können, ist es sinnvoll, sich schon im Vorfeld mit dieser Thematik zu beschäftigen. Dies kann recht umfassend und auf die individuelle Kita-Situation bezogen geschehen. Hilfreich für diese Arbeit sind folgende Fragen: Was haben wir (Team, andere Kinder, Eltern)? Was fehlt uns? Was brauchen wir dazu? Woher bekommen wir das Fehlende?

## Weitere Fragen für die Planung und Durchführung Ihrer zukünftigen Arbeit

Eine Liste mit wichtigen Links, die Ihnen u.a. Infomaterialien und Praxishilfen zum kostenlosen Download bieten, finden Sie im Anhang.

- Wie und wo beschaffen wir uns Informationen über Herkunftsländer, andere Kulturen, Ethnien, Religionen, Lebensgewohnheiten sowie über Asylverfahren, Hilfestellungen und Unterstützungsmöglichkeiten in der aktuellen Situation?
- Welche Informationen über unsere Einrichtung müssen wir an die Eltern aus anderen Ländern weitergeben und welche bezüglich der neu aufzunehmenden Kinder an die bestehende Elternschaft?
- Wie können wir durch das Vorbereiten gezielter Fragebögen in verschiedenen Sprachen zur Aufnahme, Gesundheits- und Entwicklungssituation der Kinder sowie Informationen über die Kita die beginnende Integrationsarbeit erleichtern?
- Wie können wir Netzwerke erstellen und mit anderen Kitas, Trägern, Einrichtungen, Ämtern, Beratungsstellen, Wohlfahrtsorganisationen und Personen kooperieren, deren Erfahrungen und Wissen nutzen?
- Wie können wir die persönlichen und einrichtungsspezifischen Ressourcen dabei nutzen?
- Wie integrieren wir die Ergebnisse in unsere konzeptionelle Arbeit?
- Wie können wir Beratung und Supervision als Unterstützung einplanen, Weiterbildungsmöglichkeiten nutzen?

# Fragen und Aufgaben zur persönlichen Reflexion

Bevor Sie mit bestimmten Tätigkeiten und Aktionen beginnen, ist es oftmals sehr hilfreich, sich über eigene Verhaltensmuster und das eigene Handeln bestimmende Denkweisen im Klaren zu sein. Mit den folgenden Fragestellungen und Teamaufgaben möchte ich Ihnen Impulse für die Bewältigung dieser Aufgaben geben und damit Ihre eigene und Ihre Teamkompetenz bereichern.

- Wie ist meine Haltung zu Menschen mit Migrationshintergrund?
- Gibt es bestimmte Ereignisse in meiner Biografie, die die Ausbildung dieser Haltung gefördert haben?
- Begrüße ich Andersartigkeit als Bereicherung oder erlebe ich sie als Bedrohung?
- Bin ich eher „offen" oder „verschlossen" im Umgang mit anderen Menschen, mit neuen Situationen?
- Lasse ich mich von Vorurteilen oder von real erlebten Erfahrungen in meinem Handeln leiten?
- Kann ich andere Meinungen stehenlassen, ohne mich dadurch bedroht zu fühlen?

## Sprachbad
(Teamübung)

### DURCHFÜHRUNG
Laden Sie eine Person aus dem Eltern- oder Freundeskreis, die eine Ihnen fremde Sprache spricht, ein, dieses Bilderbuch dem Team in der fremden Sprache vorzulesen. Dazu sollen auch alle Erklärungen und Hinweise in der Ihnen fremden Sprache erfolgen.

**Ziel:** Entwicklung von Empathie, Selbsterfahrung

**Material:** ein dem Team unbekanntes Bilderbuch

### REFLEXION
Wie haben Sie sich dabei gefühlt? Haben Sie dabei körperliche Reaktionen gespürt? Was haben Sie dabei gedacht? Haben Sie irgendwelche Impulse dabei verspürt? Was war für Sie dabei hilfreich?

## Eine neue, völlig fremde Situation

### DURCHFÜHRUNG
Erinnern Sie sich an eine Situation in Ihrem Leben, die für Sie völlig neu und fremd war. Beschreiben Sie kurz diese Situation:

**Ziel:** Eigenreflexion, Selbsterfahrung, Entwicklung von Empathie

- Wie haben Sie damals reagiert? Wie haben Sie sich dabei gefühlt?
- Konnten Sie dabei irgendwelche körperlichen Reaktionen bemerken?
- Was haben Sie dabei gedacht?
- Welche Impulse haben Sie dabei bei sich verspürt?
- Was hat Ihnen geholfen? Was hätten Sie sich in dieser Situation gewünscht?

# Ressourcen und Kraftquellen

Für die vor Ihnen liegende, sehr anspruchsvolle und kräftezehrende Arbeit ist es immens wichtig, mit dem eigenen Wohlbefinden verantwortungsvoll umzugehen. Fragen nach den persönlichen und den Teamgrenzen, nach vorhandenen Kraftquellen und einer wohlwollenden Selbstfürsorge sind berechtigt und dürfen und sollen offen angesprochen werden.

- Mit welchen Aufgaben, in welchen Situationen fühle ich mich in diesem Kontext überfordert, gestresst?
- Was ist das erste Anzeichen dieser Überforderung oder Stresssituation?
- Spüre ich es körperlich? Was mache ich dann?
- Welche Gedanken begleiten meine Reaktion?
- Was sind meine Ressourcen, meine Kraftquellen?
- Wo und wie kann ich regenerieren?
- Wann sage ich „Nein!"?
- Was brauche ich, hilft mir in dieser Situation? Wo hole ich mir Hilfe?

Zu dieser sehr anspruchsvollen und auch vielschichtigen Arbeit möchte ich Sie ermutigen. Schauen Sie dabei auf die schönen Augenblicke dieser Arbeit und halten Sie diese fest. Schreiben Sie ein Tagebuch „Welche schönen Momente, Augenblicke und Aussagen habe ich heute bei der Arbeit mit den Kindern, mit den Eltern erlebt?" Sie werden überrascht sein, wie viel Schönes Sie sammeln werden.

**Monika Wieber**

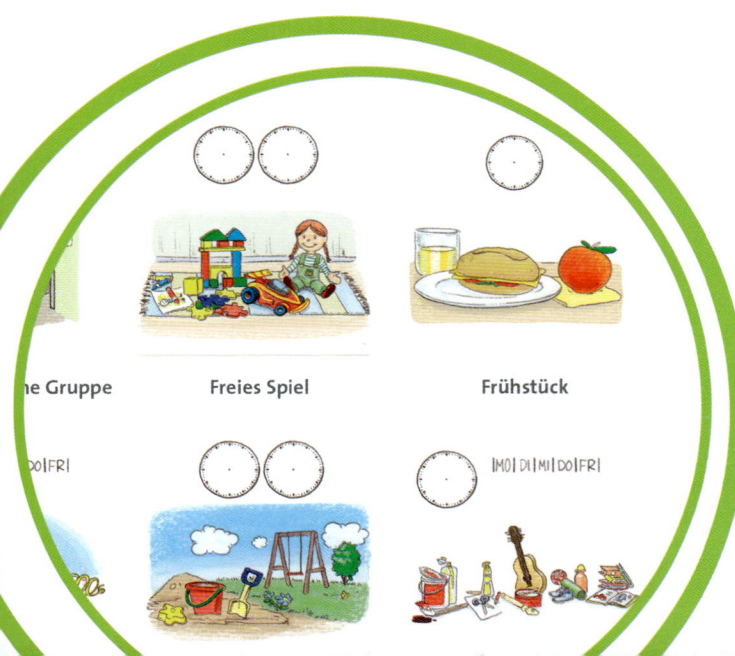

Freies Spiel        Frühstück

## Mini-Bildwörterbuch

Im Anhang ab Seite 80 finden Sie ein Mini-Bildwörterbuch für die nonverbale Kommunikation mit den Kindern und Eltern. Auf Seite 84 finden Sie Bilder zu den wichtigsten Situationen und Programmpunkten im Tagesablauf einer Kita, ergänzt durch Uhren/Wochentage zum Eintragen bzw. Ankreuzen.

# Willkommen im Morgenkreis!

Andrea Erkert

In diesem Kapitel werden Begrüßungsspiele vorgestellt, bei denen sich Kinder nicht nur auf Deutsch, sondern auch in einer anderen Sprache begrüßen dürfen. Auf diese Weise können alle Kinder relativ schnell unbefangen aufeinander zugehen, sich gegenseitig mit dem Vornamen ansprechen und dabei Kontakte knüpfen. Nicht zuletzt sind die Begrüßungsspiele dazu geeignet, fröhlich miteinander in den Tag zu starten. Indem die Spiele stets zu Beginn des Morgenkreises durchgeführt werden, kann daraus bald ein schönes Ritual werden, das allen Kindern und somit auch den „alten Hasen" in der Gruppe Halt, Sicherheit und Orientierung gibt.

# Herzlich Willkommen!

Mithilfe eines Soft- oder Wasserballs im Weltkugel-Design kann die Spielleitung den Kindern verdeutlichen, dass wir die Welt zum Leben brauchen, die für alle da ist und für die wir alle verantwortlich sind. Aus welchen Ländern stammen jedoch die einzelnen Kinder in der Gruppe? Spielerisch können die Kinder sich nun etwas näher kennenlernen und dabei dieser Frage auf den Grund gehen.

**Alter:** ab 3 Jahren
**Material:** 1 Soft- oder Wasserball im Weltkugel-Design mit Namen der Länder oder 1 kleiner Globus; CD-Player; CD mit Tanzmusik

## Spielablauf

Die Spielleitung übergibt einem Kind, das möchte, einen Globusball.

Während sie die Musik abspielt, knien die Kinder auf dem Boden und rollen den Globusball kreuz und quer im Kreis herum. Alle übrigen Kinder, die gerade nicht im Ballbesitz sind, klatschen dabei im Takt zur Musik in die Hände.

Das geht so lange, bis die Spielleitung die Pausentaste des Abspielgerätes drückt. Dasjenige Kind, das nun im Ballbesitz ist, wird von der Gruppe begrüßt. Dabei kann sich das Kind auch namentlich vorstellen.

Danach schaltet die Spielleitung die Musik wieder ein und die Gruppe setzt das Spiel auf die gleiche Art fort.

Auf diese Weise geht das Spiel immer weiter, bis alle Kinder den Globusball erhalten haben.

Am Ende zeigt die Spielleitung den Kindern auf dem Globusball, aus welchen Ländern die einzelnen Kinder aus der Gruppe stammen.

### VARIANTE AB 5 JAHREN

Ein Kind erhält von der Spielleitung den Globusball und stellt sich zu den anderen auf die Kreisbahn. Zum Rhythmus der Musik wandert nun der Ball von Hand zu Hand links im Kreis herum. Alle übrigen Kinder, die gerade nicht an der Reihe sind, patschen im Takt zur Musik auf ihre Oberschenkel. Sobald jedoch die Spielleitung die Musik stoppt, begrüßt die Gruppe dasjenige Kind, das gerade den Ball in den Händen hält. Das Kind kann sich auch noch namentlich vorstellen und sein Herkunftsland der Gruppe mitteilen, dass es entweder alleine oder mithilfe der Spielleitung auf dem Globusball zeigt. Die Gruppe startet auf die gleiche Art eine neue Spielrunde, sobald die Spielleitung wieder die Musik einschaltet. Erst wenn alle Kinder einmal den Globusball erhalten haben, ist das Spiel beendet.

# Was sagt wohl der Kleinste?

Je nachdem, welche Sprache(n) die einzelnen Kinder sprechen, kann die Spielleitung passend dazu auch die folgenden Grußworte durch andere ersetzen. Auf diese Weise macht das Fingerspiel den Kindern besonders viel Spaß.

**Alter:** ab 5 Jahren
**Material:** evtl. 5 Handpuppen o. Ä.

„Hello!" sagt der erste Mann.
„Hello!" sagt die Gruppe dann.
„Marhaba!" sagt der zweite Mann.
„Marhaba!" sagt die Gruppe dann.
„Akwaaba!" sagt der dritte Mann.
„Akwaaba!" sagt die Gruppe dann.
„Ciao!" sagt der vierte Mann.
„Ciao!" sagt die Gruppe dann.
Nun ist der Kleinste dran.
Wie fängt er wohl an?

## Spielablauf

Die Kinder bilden jeweils eine Faust und strecken den Daumen aus. Die Finger der anderen Hand zappeln lassen. Danach den Zeigefinger ausstrecken und die Finger der anderen Hand erneut zappeln lassen.

So geht's immer weiter, bis auch die übrigen drei Finger der ersten Hand ausgestreckt sind.

Zum Schluss dürfen die Kinder Grußwörter, die sie kennen, in die Runde rufen.

**VARIANTE**

Die Spielleitung holt fünf Handpuppen und setzt sich zu den Kindern in den Stuhlkreis. Sie zeigt ihnen eine Puppe und spricht die erste Zeile vor. Danach steht die Gruppe kurz auf und erwidert den Gruß auf Englisch. Anschließend nimmt sie die zweite Handpuppe und spricht die dritte Zeile vor. Die Gruppe steht wieder kurz auf und erwidert den arabischen Gruß. Auf diese Weise wird mithilfe von weiteren Handpuppen dann so wie in Ghana und schließlich auf Italienisch gegrüßt. Die Kinder stehen stets kurz auf und grüßen jedes Mal dann genauso zurück. Mit der fünften und letzten Handpuppe dürfen die Kinder einige Grußwörter, die sie kennen, laut herausrufen.

# Den ersten Schritt machen

Mithilfe des folgenden Spiels kann jedes Kind im Handumdrehen die anderen Kinder aus der Gruppe mit dem Vornamen ansprechen.

**Alter:** ab 4 Jahren

## Spielablauf

Alle Kinder stehen direkt vor ihren Stühlen im Kreis. Die Spielleitung geht auf ein beliebiges Kind zu, um es per Handschlag zu begrüßen und sich namentlich vorzustellen. Das Kind kann den Gruß in irgendeiner Sprache erwidern. Während sich die Spielleitung nun auf ihren Stuhl setzt, geht das Kind auf ein weiteres Kind zu, um es per Handschlag zu begrüßen und sich namentlich vorzustellen. Auf diese Weise geht das Spiel immer weiter, bis alle Kinder im Stuhlkreis beisammen sitzen.

Danach stehen alle Kinder wieder auf. Ein Kind geht auf ein anderes Kind zu, um dieses mit seinem Vornamen zu begrüßen. Falls das Kind sich den Vornamen des ausgewählten Kindes nicht merken konnte, dürfen die anderen Kinder behilflich sein. Danach geht es auf seinen Platz zurück und setzt sich auf seinen Stuhl. Das Kind, das jetzt im Inneren des Stuhlkreises steht, setzt das Spiel auf die gleiche Weise fort. Das Spiel ist aus, sobald alle Kinder wieder im Stuhlkreis beisammen sitzen.

### VARIANTE

Die Gruppe steht im Kreis. Die Spielleitung begrüßt das Kind, das links von ihr sitzt, stellt sich namentlich vor und setzt sich im Schneidersitz auf den Boden. Dieses Kind begrüßt wiederum sein linkes Nachbarskind, teilt ihm seinen Vornamen mit und setzt sich ebenfalls im Schneidersitz auf den Boden usw. Erst wenn die Spielleitung von ihrem rechten Nachbarskind begrüßt wurde und schließlich alle im Stuhlkreis beisammen sitzen, stehen sie wieder auf, um der Reihe nach nun ihr rechtes Nachbarskind mit seinem Vornamen zu begrüßen und sich danach wieder so wie zu Beginn hinzusetzen. Das Spiel ist aus, sobald alle Kinder im Schneidersitz auf dem Boden sitzen.

# Bunte Luftballons

So farbenfroh wie die Ballons, so bunt und vielfältig ist auch die Gruppe. Dennoch gibt es nicht nur Unterschiede, sondern auch viele Gemeinsamkeiten, die auch in diesem Spiel mithilfe der Ballons zum Ausdruck kommen.

**Alter:** ab 4 Jahren
**Material:** pro Kind 1 Luftballon (für 3 – 4 Kinder jeweils einen Luftballon in der gleichen Farbe); 1 Luftballonpumpe; CD-Player; CD mit Tanzmusik

## Spielablauf

Die Spielleitung bläst die Luftballons mithilfe der Luftballonpumpe auf und verknotet jeweils das Mundstück. Sie übergibt jedem Kind einen Luftballon.

Zum Rhythmus der Musik geben die Kinder die Luftballons unaufhörlich von einer Hand zu anderen links im Kreis herum. Stoppt die Musik, nennt die Spielleitung den Kindern eine Farbe. Die Kinder, die gerade einen Luftballon in der gesuchten Farbe in den Händen halten, werfen ihn in Richtung Kreismitte. Sie laufen in Richtung Innenkreis, um sich gegenseitig zu begrüßen und, wenn sie möchten, sich namentlich vorzustellen. Danach schnappen sich die betreffenden Kinder wieder rasch jeweils einen Luftballon und laufen auf ihren Platz zurück.

Eine neue Spielrunde beginnt, sobald die Spielleitung erneut die Musik abspielt. Erst wenn alle Kinder einmal im Innenkreis gewesen sind, ist das Spiel beendet.

# Hallo PuppenspielerIn!

Das Handpuppenspiel ist bei Kindern sehr beliebt. Es hilft insbesondere Kindern, die schüchtern und ängstlich sind oder kaum Deutsch sprechen können, mit anderen in Kontakt zu treten, Gefühle besser auszudrücken und zu verstehen. Aus diesem Grund werden Handpuppen auch gerne zu therapeutischen Zwecken und nicht zuletzt in der Sprachförderung im Kindergarten eingesetzt.

**Alter:** ab 3 Jahren
**Material:** 2 Handpuppen (Junge und Mädchen) o. Ä.

## Spielablauf

Alle Kinder mit Ausnahme von einem sitzen im Kreis beisammen. Dieses Kind steht in der Kreismitte und erhält von der Spielleitung eine männliche und eine weibliche Handpuppe, die es in jeweils einer Hand hält. Es begrüßt die Gruppe in seiner Muttersprache und stellt sich namentlich vor.

Je nachdem, welche Handpuppe das Kind nun in die Luft hebt, dürfen passend dazu entweder alle Jungen oder alle Mädchen ihre Plätze miteinander tauschen. Sollte das Kind jedoch beide Handpuppen gleichzeitig in die Luft heben, wechseln alle Kinder sofort ihre Plätze. Dabei sucht sich das Kind mit den Handpuppen ebenfalls rasch einen freien Stuhl aus.

Dasjenige Kind, das keinen freien Stuhl findet, erhält die beiden Handpuppen. Es begrüßt die Kinder in seiner Muttersprache und teilt seinen Vornamen mit, bevor es dann auch eine oder beide Handpuppe(n) in die Luft hält.

Das Spiel ist nach ein paar Durchgängen beendet.

### VARIANTE AB 5 JAHREN

Alle Kinder mit Ausnahme von einem, das in der Kreismitte steht und in jeweils einer Hand eine Handpuppe hält, laufen links im Außenkreis herum. Sobald jedoch das Kind in der Mitte „Stopp!" ruft und die Kinder in seiner Muttersprache begrüßt, bleiben alle Kinder stehen und schauen in Richtung des Kindes. Das Kind stellt sich namentlich vor und hält dann eine oder beide Handpuppe(n) in die Luft. Dementsprechend setzen sich alle Jungen, alle Mädchen oder alle Kinder rasch in den Stuhlkreis. Das Kind wählt eines dieser Kinder aus, das besonders schnell und richtig reagiert hat. Es erhält die Handpuppen und startet von der Kreismitte aus eine neue Spielrunde. Das Spiel kann so nach Herzenslust fortgesetzt werden.

# Ich grüße auf Italienisch

Mithilfe des folgenden Spiels dürfen die Kinder sich gegenseitig begrüßen und dabei auch ganz bewusst ihre Körpersprache einsetzen.

**Alter:** ab 5 Jahren
**Material:** evtl. 1 Handpuppe o. Ä.

## Spielablauf

Die Kinder stehen im Kreis beisammen. Eines der Kinder beginnt und begrüßt die anderen in seiner Muttersprache. Dabei stellt es eine Grußform vor, indem es z. B. den anderen Kindern zuwinkt, einem beliebigen Kind die Hand schüttelt oder seine beiden Nachbarskinder nacheinander kurz umarmt. Die übrigen Kinder machen alles sofort nach.

Danach ist das linke Nachbarskind an der Reihe, das nun das Begrüßungsspiel fortsetzt.

So geht's immer weiter, bis alle Kinder an der Reihe gewesen sind.

### VARIANTE AB 3 JAHREN

Die Spielleitung begrüßt die Kinder mithilfe der Handpuppe in verschiedenen Sprachen. Passend dazu stellt sie mit der Handpuppe stets eine Grußform vor. Die Kinder sprechen und machen alles nach.

### TIPP

Die Spielvariante wird so wie beschrieben durchgeführt, jedoch begrüßt die Handpuppe bzw. Spielleitung die Kinder nicht nur in verschiedenen Sprachen, sondern am besten auch mit unterschiedlichen Stimmlagen. Indem die Spielleitung z. B. erst mit einer hohen, piepsigen und dann mit einer tiefen, brummigen Stimme die einzelnen Kinder begrüßt, entsteht rasch eine entspannte und lockere Atmosphäre, die allen Kindern spürbar gut tut und das Zugehörigkeits- und Wir-Gefühl steigert.

# Im Kerzenschein

Mithilfe des folgenden Begrüßungsspiels wird den Kindern im wahrsten Sinne des Wortes vor Augen geführt, dass jedes Licht bedeutsam ist, damit überhaupt ein Kreis aus vielen Lichtern entstehen kann.

**Alter:** ab 5 Jahren
**Material:** pro Kind 1 LED-Teelicht oder 1 Teelicht und 1 durchsichtiges Glas; evtl. 1 Stabfeuerzeug

## Spielablauf

Die Spielleitung dunkelt den Raum etwas ab, holt für jedes Kind ein LED-Teelicht und stellt sich zu den Kindern auf die Kreisbahn.

Die Spielleitung nimmt eines der LED-Teelichter und schaltet es an. Sie begrüßt das Kind, das links neben ihr auf der Kreisbahn steht und überreicht dabei die leuchtende Kerze. Das Kind wiederum begrüßt in seiner Muttersprache sein linkes Nachbarskind und überreicht ihm die leuchtende Kerze.

Auf diese Weise geht es immer weiter, bis das Kind, das rechts neben der Spielleitung steht, die leuchtende Kerze in den Händen hält. Dieses Kind platziert nun das LED-Teelicht direkt vor sich auf dem Boden.

Danach nimmt die Spielleitung ein neues LED-Teelicht und wiederholt das Spiel.

So geht's immer weiter, bis alle Kinder eine leuchtende Kerze direkt vor sich auf dem Boden stehen haben. Die Kinder geben sich gegenseitig die Hand und teilen sich der Reihe nach, falls sie einander noch fremd sind, ihre Vornamen mit.

Am Ende heißt die Spielleitung die Gruppe herzlich willkommen.

### VARIANTE AB 3 JAHREN

Jedes Kind erhält von der Spielleitung ein leuchtendes LED-Teelicht. Die Kinder stehen nacheinander auf, um die Gruppe in ihrer Muttersprache zu begrüßen. Die Kerze, die sie in der Hand halten, platzieren sie, sobald sie an der Reihe sind, direkt vor sich auf dem Boden. Stehen alle Kinder im Kreis beisammen, geben sie sich gegenseitig die Hand. Sie teilen sich nacheinander, falls sie sich namentlich noch nicht kennen, ihre Vornamen mit. Danach begrüßt die Spielleitung die Gruppe recht herzlich.

### TIPP

Sollten keine LED-Lichter vorhanden sein, kann die Spielleitung auch Teelichter verwenden. Damit jedoch nichts passiert, stellt sie jedes Teelicht, das sie entzündet, in ein durchsichtiges Glas.

# Hallo Teddy!

Ein Plüschtier kann den Kindern helfen, mögliche Ängste und Bedenken gegenüber der Gruppe zu überwinden und an Selbstsicherheit zu gewinnen.

**Alter:** ab 3 Jahren
**Material:** 1 Teddy oder 1 anderes Plüschtier

## Spielablauf

Die Spielleitung holt sich einen Teddy und setzt sich zu den Kindern in den Stuhlkreis.

Sie begrüßt den Teddy, indem sie z.B. sagt: „Hallo! Ich bin Frau / Herr … (*Nachname einsetzen*)!". Sie übergibt den Teddy dem Kind, das links neben ihr im Stuhlkreis sitzt. Das Kind nimmt den Teddy in den Arm, den es auf die gleiche Weise begrüßt.

Das Begrüßungsspiel geht so immer weiter, bis die Spielleitung den Teddy wieder in den Händen hält.

### VARIANTE AB 5 JAHREN

Alle Kinder mit Ausnahme von einem sitzen im Stuhlkreis beisammen. Das übrige Kind stellt sich in die Kreismitte und verwendet den Teddy zunächst so wie links beschrieben. Danach geht es auf ein anderes Kind zu, um ihm den Teddy zu übergeben und den Platz zu tauschen. Das Spiel ist beendet, sobald alle Kinder einmal in der Kreismitte stehen, den Teddy begrüßen und sich dabei namentlich vorstellen konnten.

### TIPP

Die Spielleitung kann den Teddy auch „lebendig" werden lassen, indem sie den Gruß von demjenigen Kind, das gerade den Teddy in den Händen hält, zur Freude der Gruppe mit einer möglichst tiefen brummigen Stimme erwidert und dabei auch das Kind mit seinem Vornamen anspricht. Auf diese Weise kann die Spielleitung den Kindern sofort ein Lächeln ins Gesicht zaubern.

# Zarte Klänge

Klangschalen werden u.a. für Klangmassagen, Fantasiereisen und zwischendurch zum Innehalten und Entspannen verwendet. Zudem können sie eingesetzt werden, um spielerisch und in aller Ruhe die ersten Kontakte in der Gruppe zu knüpfen.

**Alter:** ab 5 Jahren
**Material:** 1 kleine Klangschale mit Schlägel oder Klöppel; evtl. 1 Klangschalen-Kissen

## Spielablauf

Ein Kind holt sich eine Klangschale und geht im Inneren des Kreises auf ein anderes Kind zu. Es stellt die Klangschale auf dessen Oberschenkel und schlägt sie an. Ist der Klang verklungen, begrüßt es das Kind in seiner Muttersprache und stellt sich mit seinem Vornamen vor. Die beiden Kinder tauschen ihre Plätze.

Das Kind, das jetzt mit der Klangschale im Inneren des Stuhlkreises steht, macht sich auf die Suche nach einem neuen Kind, dem es dann die Klangschale auf die Oberschenkel stellen darf.

Auf diese Weise geht es immer weiter, bis alle Kinder ein- oder mehrmals mithilfe der Klangschale begrüßt wurden.

Danach fängt das Spiel von vorne an, jedoch wird nun das Kind, auf dessen Oberschenkel die Klangschale angeschlagen wird, von der Gruppe mit seinem Vornamen begrüßt.

### VARIANTE AB 3 JAHREN

Die Spielleitung sitzt mit der Gruppe im Stuhlkreis und stellt das Klangschalen-Kissen, auf dem sich die Klangschale befindet, auf die Oberschenkel des Kindes, das links neben ihr sitzt. Sie schlägt die Klangschale an. Ist der Klang verklungen, begrüßt sie das Kind und stellt sich, falls das Kind sie erst seit kurzem kennt, namentlich vor. Das Kind wiederum legt nun das Kissen mit der Klangschale auf die Oberschenkel der Spielleitung oder seines linken Nachbarkindes und setzt so das Be-

grüßungsspiel fort. Die Spielrunde ist beendet, sobald jedes Kind zumindest einmal die Klangschale anschlagen konnte.

Danach nimmt die Spielleitung das Kissen mit Klangschale wieder an sich und stellt sie auf die Oberschenkel eines Kindes. Die Gruppe darf nun das betreffende Kind mit seinem Vornamen begrüßen, sobald es die Klangschale angeschlagen hat und der Klang verklungen ist. Anschließend sucht sich das Kind ein weiteres Kind aus, dem es das Kissen mit der Klangschale auf die Oberschenkel stellt. Das Spiel ist beendet, sobald alle Kinder der Gruppe klangvoll begrüßt wurden.

### TIPP

Statt die Klangschale mit einem Schlägel oder Klöppel anzuschlagen, kann man die Klangschale auf einem Klangschalen-Kissen platzieren und von dort aus zum Klingen bringen, indem man z. B. einen Holzklöppel nach unten hält und damit gleichmäßig am äußeren Rand der Klangschale entlang mit etwas Druck nach innen reibt.

# Elefanten-Grüße

Kindern bereitet es meist große Freude, wenn sie starke, mutige und große Tiere spielen dürfen. Auf diese Weise fällt es ihnen gleich viel leichter, ungezwungen aufeinander zuzugehen und sich gegenseitig „Hallo!" zu sagen.

**Alter:** ab 5 Jahren
**Material:** Handtrommel

## Spielablauf

Eine Hälfte der Gruppe stellt sich hintereinander links im Kreis herum auf. Die andere Hälfte der Gruppe bildet einen Außenkreis und stellt sich hintereinander gegen den Uhrzeigersinn auf. Alle Kinder spielen Elefanten, indem sie sich mit rechten Hand an die Nase fassen und den linken Unterarm durch den entstandenen Ring führen.

Zum Rhythmus des Trommelspiels, das durch die Spielleitung erfolgt, stampfen die „Elefanten" hintereinander im Innen- und Außenkreis herum. Sobald jedoch das Trommelspiel stoppt, bleiben alle Kinder stehen und wenden sich jeweils einem Kind aus der anderen Gruppe zu, das sich gerade neben ihnen befindet. Die Kinder begrüßen sich gegenseitig mit ihren Elefantenrüsseln bzw. Händen und stellen sich, falls sie einander noch fremd sind, namentlich vor.

Erklingt die Trommel erneut, fängt eine neue Spielrunde an. Nach ein paar Durchgängen ist das Spiel beendet.

### VARIANTE AB 3 JAHREN

Zum Rhythmus der Musik stampft die Hälfte der „Elefantengruppe" im Inneren des Kreises herum. Alle übrigen Kinder spielen auch Elefanten und stampfen im Takt vom Platz aus auf der Kreisbahn. Sobald jedoch das Trommelspiel stoppt, gehen die Kinder im Inneren des Kreises auf jeweils ein freies Kind auf der Kreisbahn zu. Stehen zwei Kinder voreinander, begrüßen sie sich mit ihrem „Elefantenrüssel" und stellen sich, falls sie sich noch nicht so gut kennen, namentlich vor. Danach tauschen sie ihre Rollen und wiederholen das Spiel.

# „Ciao!", „Hallo!", „Marhaba!"

Mithilfe des folgenden Fingerspiels kann jedes Kind die anderen in seiner Muttersprache begrüßen und dabei auch sich selbst namentlich vorstellen.

**Alter:** ab 3 Jahren
**Material:** evtl. 5 Handpuppen

„Ciao!" sagt unser Toni.
„Hallo!" sagt unsere Moni.
„Marhaba!" sagt unser Ali.
„Akwaaba!" sagt unsere Nazali.
Der Kleinste sagt dann:
„Du bist jetzt dran!"

## Spielablauf

Die Spielleitung beginnt: Sie bildet eine Faust und streckt ausgehend vom Daumen der Reihe nach die einzelnen Finger aus. Passend dazu sagt sie den oben stehenden Spruch auf. Zum Schluss deutet sie auf ein Kind, das in seiner Muttersprache nun die Gruppe begrüßen und sich, falls sie sich einander noch fremd sind, namentlich vorstellen darf. Das betreffende Kind deutet dann auf ein weiteres Kind, das die anderen ebenfalls in seiner Muttersprache begrüßt und dabei auch sich selbst namentlich vorstellen darf. Auf diese Weise geht es immer weiter, bis alle Kinder an der Reihe gewesen sind.

### VARIANTE AB 5 JAHREN
Fünf Kinder stehen direkt nebeneinander im Inneren des Kreises. Das erste Kind grüßt auf Italienisch, das Zweite grüßt auf Deutsch, das Dritte benutzt ein arabisches Grußwort und das Vierte begrüßt die anderen so, wie es z. B. in Ghana üblich ist. Dabei sagen sie die dazu passende Zeile aus dem oben stehenden Vers auf und gehen, sobald sie an der Reihe sind, einen Schritt nach vorne. Das letzte Kind geht ebenfalls einen Schritt nach vorne und sagt die letzte Zeile auf. Dabei deutet es auf ein Kind,

das im Stuhlkreis sitzt. Das betreffende Kind darf nun die Gruppe in seiner Muttersprache begrüßen und sich, falls die Kinder sich noch nicht so lange kennen, namentlich vorstellen.

### TIPP
Für die links beschriebene Spielvariante kann die Spielleitung den fünf Kindern im Inneren des Kreises jeweils eine Handpuppe überreichen. Mithilfe einer Handpuppe fällt es den Kindern in der Regel leichter, vor die Gruppe zu treten und somit im Mittelpunkt zu stehen.

# Farbenfrohe Begrüßung

In Bewegung kommen, miteinander Spaß haben und sich gegenseitig begrüßen, ist eine sehr schöne Möglichkeit, um sich näher kennenzulernen und dabei auch Freundschaften zu schließen.

**Alter:** ab 5 Jahren
**Material:** 3 – 4 Tücher in verschiedenen Farben; CD-Player; CD mit Tanzmusik

## Spielablauf

Die Kinder sitzen im Stuhlkreis beisammen. Die Spielleitung übergibt drei bis vier Kindern, die nicht zu nah beisammen sitzen, jeweils ein Tuch in einer bestimmten Farbe.

Zum Rhythmus der Musik reichen die Kinder nun die Tücher so lange von einer Hand zur anderen links im Kreis herum, bis die Musik stoppt. Die Kinder, die gerade kein Tuch haben, klatschen im Takt in die Hände. Es geht so lange weiter, bis die Musik stoppt. Diejenigen, die nun ein Tuch in den Händen halten, schauen auf ihre Tuchfarbe und suchen sich jeweils ein Kind aus, das ein Kleidungsstück in der gleichen Farbe trägt. Dabei zählt jeder noch so kleine Farbklecks.

Haben sich zwei Kinder gefunden, begrüßen sie sich gegenseitig und stellen sich, falls sie einander noch fremd sind, namentlich vor.

Anschließend laufen die Kinder mit ihren Tüchern auf ihre Plätze zurück und starten mit den übrigen Kinder eine neue Spielrunde, sobald die Musik wieder erklingt.

Das Spiel geht so immer weiter, bis die Musik beendet ist.

### Variante ab 4 Jahren

Alle Kinder mit Ausnahme von einem bilden einen Stuhlkreis. Ein Kind steht in der Kreismitte. Die Spielleitung übergibt diesem Kind drei bis vier verschiedenfarbige Tücher und begrüßt die Gruppe. Zum Rhythmus der Musik klatschen die Kinder so lange in die Hände, bis die Musik stoppt. Das Kind in der Mitte sucht sich ein Tuch aus, das es in die Luft hebt. Die Kinder, die ein Kleidungsstück in der gleichen Farbe tragen, laufen zu dem Kind in die Kreismitte, um es per Handschlag zu begrüßen. Dabei können sie sich auch namentlich vorstellen. Danach fängt eine neue Spielrunde mit einem anderen Kind in der Kreismitte an, das die Tücher erhält. Das Spiel ist aus, sobald jedes Kind einmal in der Kreismitte gewesen ist.

auf die Oberschenkel klatschen

Ball

Puppe/Handpuppe

winken

## Mini-Bildwörterbuch

Im Anhang ab Seite 80 finden Sie ein Mini-Bildwörterbuch für die nonverbale Kommunikation mit den Kindern und Eltern. Auf Seite 80 finden Sie Bilder zu den wichtigsten Begriffen, die Sie zur Durchführung der Spiele aus diesem Kapitel benötigen.

# Bewegungs-spiele

Antje Hemming

Die hier vorgestellten abwechslungsreichen und fantasievollen Bewegungsspiele können schnell und einfach in den Kindergartenalltag eingefügt werden. Ohne oder mit nur wenigen Materialien wird spielerisch eine beruhigende und stress-abbauende Wirkung erzielt. Die Kombination aus Bewegung und kreativen Denk- und Wahrnehmungsspielen fördert die geis-tige Entwicklung der Kinder, wirkt sich positiv auf das soziale Miteinander aus und sollen einfach nur Spaß machen.

# Spaß mit Papierrollen

Bei Spielen mit Papier- und Papprollen wird ein Bewegungsmaterial eingesetzt, dass Kinder auch in ihrem familiären Umfeld wiederfinden und kreativ einsetzen können. Bei vielen Bewegungsspielen übernehmen die Kinder Ihre Anregungen und entwickeln daraus eigene Ideen. Die Papprollen können von den Kindern auch nach Lust und Laune bemalt und somit personalisiert werden.

**Material:** verschiedene Papprollen; Bälle; Pappdeckel; 2 Kisten oder Kartons; einige Tennisbälle

## Vorbereitung
Einen Karton mit unterschiedlichen Papprollen bereitstellen. Fordern Sie die Kinder auf, sich eine Papprolle auszusuchen. Stellen Sie den Karton etwas zur Seite, lassen Sie jedoch den Deckel offen, damit die Kinder im Laufe der Spiele eigenständig ihre Papierrollen austauschen können.

### Tipp
Wählen Sie als Musikbegleitung für Laufspiele bitte keine Musik-CD, sondern singen Sie selbst. Auch wenn Sie kein begnadeter Sänger sind, ein einfaches Kinderlied (z. B. „Hänschen klein", „Alle meine Entchen" ...) hat kurze Worte, eine eingängige Melodie und hilft den Kindern beim Spracherwerb. Sie können es dann auch jederzeit zu anderen Gelegenheiten anstimmen, den Kindern somit eine inzwischen vertraute Melodie präsentieren und sie so zum Mitsingen anregen. Ein selbst gesungenes Lied kann auch nach Belieben unterbrochen, neu angestimmt, Zeilen wiederholt, langsamer oder schneller gesungen werden. Auch können die Kinder so mit der Zeit eigene Lieder aus ihrer Heimat mit anstimmen.

# Hindernislauf

Nehmen Sie sich auch eine Papprolle und stellen Sie diese sichtbar im Raum hochkant auf den Boden. Fordern Sie die Kinder auf, dies auch mit ihrer Rolle zu tun. Laufen Sie gemeinsam mit den Kindern durch den Raum, um die Papprollen herum, ohne diese dabei umzuwerfen. Fällt eine Papprolle um, wird diese schnell wieder aufgestellt und weitergelaufen.

Stellen Sie anschließend gemeinsam die Rollen in einer langen Reihe oder in einem Kreis auf und laufen Sie mit den Kindern im Slalom um die Rollen herum.

# Hörrohre

Jedes Kind nimmt sich wieder eine Papprolle. Beginnen Sie mit Ihrer Papprolle ein Geräusch zu machen: tippen, klopfen, reiben oder tröten. Geben Sie nur ein Geräusch vor und warten Sie, ob die Kinder das Geräusch übernehmen oder ihrerseits andere Vorschläge machen. Nehmen Sie die Vorschläge der Kinder einzeln auf und bitten Sie alle, diese nachzumachen und eigene Vorschläge zu machen.

Achtung! Nicht in die Ohren anderer tröten!

# Balanceakt

Auf welchen Körperteilen kann die Papprolle transportiert oder balanciert werden? Auf der Handfläche, unterm Kinn, zwischen den Knien? Machen Sie einen Vorschlag und fordern Sie die Kinder auf, es Ihnen nachzumachen. Welche anderen Möglichkeiten gibt es? Vielleicht auf einem Finger? Geben Sie den Kindern etwas Zeit, eigene Ideen auszuprobieren und übernehmen Sie diese.

# Kegeln

Lassen Sie die Papprollen von den Kindern nebeneinander an einer Raumseite aufstellen. Die Kinder stellen sich mit Ihnen in einiger Entfernung auf und werfen die Pappkegel mit den Bällen um. Bei kleineren Kindern sollten die Papprollen sehr eng oder im Verbund aufgestellt werden.

# Transportarbeiten

Zwei Kästen oder Kartons weit auseinander aufstellen. In einen Kasten Tennisbälle und Pappdeckel legen. Die Kinder halten die Papprollen in einer Hand, gehen zum Kasten, setzen einen Pappdeckel oder einen Tennisball oben drauf und balancieren diese vorsichtig zum anderen Kasten. Dort den Pappdeckel oder Tennisball von der Papprolle aus hineinschütten und einen weiteren Tennisball bzw. Pappdeckel holen. Dieses Spiel können die Kinder solange spielen, bis der Kasten leer ist.

Sollten die Kinder diese „Stapelidee" aufnehmen und Papprollen mit Tennisball wie kleine Bäume im Raum oder auf der Fensterbank aufstellen oder aus den Papprollen und Pappdeckeln Türme bauen, nehmen Sie diese auf und bauen Sie sie in das Spiel mit ein.

# Klopftanz

Setzen Sie sich mit den Kindern in einen Kreis. Klopfen Sie mit Ihrer Rolle zwei- oder dreimal auf den Boden und warten Sie ab, ob die Kinder auch klopfen. Wenn nicht, klopfen Sie noch einmal und warten erneut ab.

Anschließend ein gemeinsames Lied anstimmen und rhythmisch mit den Papprollen begleiten.

# Ein Ball, zwei Bälle, drei Bälle ...

Viele Willkommenskinder kennen sicher kleine Ballspiele aus ihrer Heimat und sehen Bälle als ein vertrautes Spiel- und Bewegungsgerät an. Die hier vorgestellten kleinen Spiele fördern das Selbstwertgefühl, die Gemeinschaft und natürlich auch die Auge-Fuß-Koordination.

**Material:** Gymnastik- oder Softbälle; Reifen; Tischtennisbälle; Chiffontücher; 2 Kisten; 2 Eierkartons

## Vorbereitung

Eine Kiste mit verschiedenen Bällen bereitstellen. Die Kinder dürfen sich einen Ball aussuchen und experimentieren eine kurze Zeit damit.

### TIPP

Nutzen Sie den kurzen Moment, während sich die Kinder mit dem Spielgerät vertraut machen, um sie intensiv zu beobachten und näher kennenzulernen. Wie gehen sie mit dem Ball um? Klammern sie sich an ihren Ball, warten sie ab, versuchen sie die Aufmerksamkeit anderer Kinder zu erregen oder spielen sie entspannt mit dem Ball?

## Rollen

Nach einiger Zeit setzen Sie sich mit angezogenen Beinen auf den Boden und bitten die Kinder, dies auch zu tun. Alle rollen ihren Ball mit der Hand mehrmals um den Körper herum. Bei einer der nächsten Körperumrundungen heben Sie die Beine an und rollen den Ball unter den Beinen hindurch.

- Setzen Sie sich alle mit gegrätschten Beinen in einen Kreis und rollen Sie sich gegenseitig die Bälle zu. Prallen zwei oder mehrere Bälle in der Mitte zusammen, wechseln diese spontan die Richtung und kommen bei einem anderen Kind an.
- Legen Sie sich im Kreis auf den Bauch und rollen sich die Bälle mit ausgestreckten Armen zu.
- Alle legen sich auf den Rücken und klemmen sich den Ball zwischen die Füße. Heben Sie langsam die Beine an, heben den Ball über den Kopf hinaus und berühren damit hinter sich den Boden.

## Kicken

Alle Kinder legen ihren Ball auf den Boden und schießen ihn durch den Raum. Nach einiger Zeit stellen Sie sich mit gegrätschten Beinen in den Raum und lassen die Kinder aus allen Richtungen durch dieses „Tor" schießen. Natürlich können sich auch mehrere Kinder hintereinander mit gegrätschten Beinen zu einem Tunnel aufstellen, durch den geschossen werden kann.

Bauen Sie anschließend gemeinsam mit den Kindern aus Stühlen, Tischen und Decken mehrere interessante und abwechslungsreiche Tore auf, die natürlich auch intensiv getestet und umgebaut werden.

## Werfen

Alle Kinder nehmen sich einen Ball und stellen sich nebeneinander in einer Reihe auf. Rollen Sie mit etwas Abstand einen Reifen vor den Kindern entlang. Die Kinder versuchen, ihren Ball im richtigen Moment durch den Reifen zu werfen. Es bedarf bestimmt mehrerer Versuche, bis die Kinder den richtigen Zeitpunkt abpassen oder unter großem Hallo den Reifen umwerfen.

## Zielen

In die Mitte eines Reifens zwei große Eierkartons legen. Setzen Sie sich mit den Kindern um den Reifen und werfen Sie gemeinsam oder nacheinander Tischtennisbälle in die Eierkartons.

### HINWEIS
Kinder, die in ihr Tun vertieft sind, brauchen keine neuen Anregungen!

## Fliegen

Tischtennisbälle in ein Chiffontuch einbinden und so zuknoten, dass ein Großteil des Tuches als Flugschwanz herunterhängt. Fassen Sie und die Kinder die Tücher und schleudern Sie die Tischtennisbälle geräuschvoll auf den Boden. Anschließend schwingen Sie gemeinsam die Bälle über den Kopf oder vor dem Körper.

Nun fordern Sie die Kinder auf, ihre Bälle weit durch den Raum zu schleudern.

## Abladen

Zwei Kästen, etwas weiter voneinander entfernt, im Raum aufstellen. In einen der Kästen mehrere Bälle legen. Je zwei Kinder halten ein Chiffontuch stramm gespannt zwischen sich. Legen Sie einen Ball auf das Tuch der Kinder. Nun transportieren die Kinder den Ball durch den Raum zum zweiten Kasten und laden ihn dort ab, indem sie gemeinsam den Ball vom Tuch „schütten".

# Spiele mit Zeitungspapier

Mit Zeitungen als Spielmaterial sammeln die Kinder Materialerfahrungen und können eigene Spielideen mit einem Material entwickeln, dass ihnen überall als Spielmaterial zur Verfügung steht. Sie erleben Spaß an der Bewegung mit anderen und die Auge-Hand-Koordination wird gefördert.

**Material:** Zeitungspapier; Eimer; Karton; Reifen oder Teppichfliesen; Krepppapier; Kriechtunnel; Puppenwagen oder Kipplaster

### Tipp

Bitte die Zeitungen, die Sie verteilen möchten, vorab durchsehen und keine Zeitungsseiten mit Kriegsbildern oder Unfällen verwenden. Der Sportteil oder der Reise-, Auto- oder Lokalteil bietet für Kinder interessante Bilder, die auch zusätzliche Sprachanlässe schaffen.

## Laufen

Jedes Kind erhält ein großes Zeitungsblatt. Zeigen Sie den Kindern die Bilder auf den Seiten und fordern Sie sie auf, die Zeitung auch einmal umzudrehen und sich die andere Seite anzusehen. Der Vorgang, diese Zeitungsseite eigenständig umzudrehen, bedarf bereits einiger Geschicklichkeit.

Laufen Sie mit den Kindern durch den Raum, halten Sie das Zeitungsblatt über dem Kopf und lassen Sie es hinter sich her flattern. Ändern Sie ab und zu die Laufbewegung (vorwärts, seitwärts oder rückwärts) und die Laufgeschwindigkeit (schnell, langsam).

# Transportieren

Lassen Sie die Kinder verschiedene Transportmöglichkeiten ausprobieren:

- Zeitungsblatt auf den Kopf legen und vorsichtig weitergehen, ohne dass das Blatt herunterfällt.
- Zeitung über den ausgestreckten Arm legen und etwas schneller weitergehen.

Wie kann die Zeitung sonst noch transportiert werden? Lassen Sie die Kinder Vorschläge machen und nehmen Sie diese für die gesamte Gruppe auf.

# Schweben

Halten Sie das Zeitungsblatt hoch und lassen es langsam zu Boden segeln. Anschließend werfen Sie die Zeitung deutlich mit viel Kraft nach oben, aber die Zeitung fliegt nicht weit und schwebt wiederum langsam zum Boden.

# Werfen

Zerknüllen Sie gemeinsam die Zeitungsseiten zu festen Papierbällen. Zeigen Sie den Kindern, dass auch Sie sehr fest drücken müssen, um einen Ball zu formen. Für die kleinen Hände ist dies recht anstrengend, stärkt jedoch die Handkraft der Kinder. Auch jetzt werfen Sie den Zeitungsball nach oben und sehen, wie dieser schnell zum Boden fällt.

Bilden Sie mit Ihren ausgestreckten Armen einen Kreis vor Ihrem Oberkörper und fordern Sie die Kinder auf, ihre Bälle in den Armkreis hineinzuwerfen. Sie können dabei auch langsam durch den Raum gehen – das Hineinwerfen dadurch etwas erschweren und so mehr Bewegung in das Spiel bringen. Bauen Sie mit den Kindern kleine Wurfeinheiten auf:

- Eimer auf den Stuhl
- Karton vor die Wand
- eine Seite eines Kriechtunnels hochziehen und an der Wand befestigen
- mehrere Reifen oder Teppichfliesen hintereinanderlegen
- an der Wand mit Krepppapier eine Zielscheibe markieren
- Auch ein leerer Puppenwagen, den Sie durch den Raum schieben oder ein großer Kipplaster kann eine interessante Wurfeinheit sein.

Sollten die Kinder noch nicht frei zwischen den Wurfstationen wählen wollen, gehen Sie gemeinsam von einer Einheit zur nächsten und werfen Sie mit den Kindern in die entsprechenden Öffnungen.

# Stehen

Legen Sie mehrere Zeitungsblätter aus. Je zwei oder drei Kinder stellen sich mit beiden Füßen auf das Zeitungspapier. Wählen Sie ein Kind aus, das Ihnen helfen darf. Gemeinsam gehen Sie um die stillstehenden Kinder herum und zupften immer wieder kleine Stücke Papier heraus, auf denen keiner steht. Die Kinder auf dem Papierbogen dürfen den Boden mit den Füßen nicht berühren und rücken dadurch langsam immer enger zusammen.

# Zerreißen

Versuchen Sie mit den Kindern die Zeitungsbälle wieder zu glätten. Sollten die Zeitungen dabei einreißen oder zerreißen, ist das kein Problem, weil jetzt nämlich alle ihre Zeitungen mit Füßen und Händen in kleine Stücke zerreißen. Natürlich wird nun ein heftiger Schneeregen aus Zeitungspapier inszeniert. Anschließend können sich die Kinder auf den Boden legen und lassen sich mit den Zeitungsfetzen „berieseln".

# Meine Hände, deine Hände

Die Förderung der taktilen und der differenzierten Wahrnehmung spielt die Hauptrolle bei den folgenden kleinen Spieleinheiten. Auch die Auge-Hand-Koordination und die Fingermotorik werden spielerisch geschult.

**Material:** Kiste mit unterschiedlichen Bällen (z. B. Gymnastikbälle, Tennisbälle, Igelbälle, Tischtennisbälle)

## Begrüßung

Stellen Sie sich mit den Kindern in einem Kreis auf und halten Sie ihre Hände nach vorne. Bitten Sie die Kinder, dies auch zu tun. Gehen Sie nun von einem Kind zum nächsten und begrüßen Sie sie nacheinander, indem Sie jeweils ihre beiden Hände in die Hand nehmen und kurz drücken oder abtasten.

### TIPP

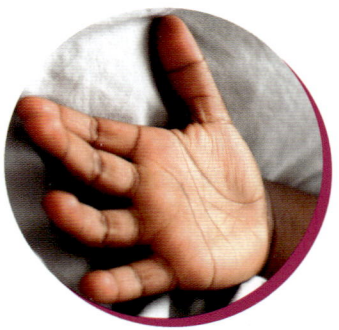

An den Händen vieler Kinder kann auch ihr Wohlbefinden erfühlt werden: sind diese warm oder kalt, trocken oder klamm, greifen sie beherzt oder nur sehr ängstlich zu?

# Klopfrhythmen mit den Händen

Setzen Sie sich auf den Boden und legen Sie Ihre Hände vor sich flach auf den Boden. Geben Sie verschiedene Klopfrhythmen vor, die die Kinder aufnehmen:

- in die Hände klatschen
- mit flachen Händen auf den Boden schlagen
- die Hände aneinander reiben, an die eigenen Wangen halten und die erzeugte Wärme spüren
- mit den Fingern auf den Boden klopfen
- mit den Fäusten auf den Boden trommeln
- mit den Zeigefingern aneinander tippen
- mit einem Finger einen Kreis in den anderen Handteller malen
- alle Finger aneinanderlegen und die Hände mit Kraft zusammendrücken
- Vorschläge der Kinder aufnehmen

# Ballforscher

Eine Kiste mit Bällen in die Mitte stellen. Halten Sie einen Ball hoch und bitten Sie die Kinder, einen gleichen Ball aus der Kiste herauszusuchen. Jede Ballart wird gemeinsam untersucht und wieder in die Kiste zurückgeworfen:

## Gymnastikball
- mit den flachen Händen die Rundung abtasten
- den Ball vor den Körper halten und mit den Händen drücken
- den Ball nur auf einer Hand halten

## Tennisball
- die filzige Oberfläche ertasten
- den Ball hinter dem Rücken in die andere Hand geben

## Igelball
- die noppige oder stachelige Oberfläche mit den Händen vorsichtig untersuchen
- den Ball zwischen den Händen hin und her rollen
- mit den Fingern nur eine Noppe greifen und so den Ball festhalten

## Tischtennisball
- die glatte Oberfläche ertasten
- den Ball zwischen beiden Händen verstecken

# Von Kopf bis Fuß

Setzen Sie sich auf den Boden, Beine nach vorne ausstrecken. Halten Sie Ihre Hände hoch und drehen Sie die Handgelenke (wie ein Fähnchen auf dem Turm), um die Aufmerksamkeit der Kinder auf sich zu lenken. Mit den Händen die Nase berühren. Anschließend wieder die Hände drehen und dann …

… blicken Sie fragend in die Runde: „Welche Körperteile können wir noch berühren, vielleicht die Füße oder die Schultern?" Zwischen den einzelnen Berührungen immer wieder die Hände hochhalten und drehen.

# Eine lange Reihe

Alle Kinder stellen sich hintereinander auf, legen die Hände auf die Schultern des Vorderkindes und gehen singend durch den Raum. Wenn die Kinderschlange abbiegt, halten alle Kinder den entsprechenden Arm zu der Seite raus und „blinken". Natürlich können auch zwei Kinderreihen durch den Raum gehen und versuchen, durch Ausweichmanöver oder Abbremsen nicht zusammenzustoßen.

# Kleine Spiele für zwischendurch

Diese kleinen Spiele verbinden Wahrnehmen und Bewegen sowie Denken und Erleben, wodurch alle Sinne der Kinder angesprochen werden. Nutzen Sie diese Spiele im Kindergartenalltag, um Traurigkeit zu vertreiben oder die Kinder nach Missverständnissen und Streitigkeiten wieder auf andere Gedanken zu bringen.

**Material:** Decke; 4 Reifen; 1 Kirschkernsäckchen; Trillerpfeife; Tennisball; Tennisring; Chiffontuch; Fliegenklatsche; 1 Seil; pro Kind 1 Luftballon; Matte oder Karton; mehrere Eimer oder Kartons

## Hockey oder Tennis mit Luftballons

Alle erhalten eine Fliegenklatsche und schlagen sich die Luftballons wie mit einem Hockeyschläger gegenseitig zu. Für das Hockeyspiel wird als Tor eine Matte oder ein Karton an die Wand gestellt.

Nun versuchen alle mit ihren Fliegenklatschen die Luftballons in der Luft zu halten. Um die Bewegungsform für kleine Kinder zu unterstützen, spannen Sie ein Seil quer durch den Raum. Anschließend stellen Sie Eimer oder Kartons auf, in die die Kinder ihre Luftballons lenken können.

# Decken-Express

Ein oder zwei Kind(er) setzen sich auf eine Decke und werden von Ihnen durch den Bewegungsraum gezogen. Aber nicht zu schnell, sonst fliegen Ihnen die Kinder in den Kurven von der Decke! Die Kinder können auch Stofftiere auf die Decken setzen und diese durch den Raum ziehen.

# Auf der Pirsch

Legen Sie sich auf den Boden und fordern Sie alle Kinder auf, sich ebenfalls hinzulegen und dabei so zu tun, als ob sie schlafen würden. Stehen Sie langsam auf und deuten Sie den Kindern an, liegenzubleiben.

Nun schleichen Sie langsam um und über die liegenden Kinder. Tippen Sie eines der liegenden Kinder an, legen Sie den Finger an die Lippen und fordern es auf, mit Ihnen gemeinsam um die anderen liegenden Kinder zu schleichen. Nach einiger Zeit bitten Sie das Kind, ein weiteres Kind anzutippen, das dann auch mitschleicht. Natürlich können Sie sich nun auch wieder hinlegen und die Kinder weiterschleichen lassen.

Sollten sich die Kinder auch wieder hinlegen, warten Sie einen kurzen Moment, erheben sich wieder und fordern Sie andere Kinder auf, mit Ihnen um die liegenden Kinder zu gehen.

# Hüpf-Parcours

Vier Reifen hintereinander auslegen. Werfen Sie ein Kirschkernsäckchen in den ersten Reifen, hüpfen Sie dann in den Reifen, greifen sich das Kirschkernsäckchen und hüpfen wieder zurück. Dies versuchen nun auch die Kinder. Wird das Kirschkernsäckchen in einen anderen Reifen geworfen, hüpfen die Kinder bis zu dem entsprechenden Reifen, um das Säckchen zurückzubringen. Natürlich können kleinere Kinder auch mehrfach in einem Reifen hüpfen, um ihn zu durchqueren.

### TIPP

Im Sommer mit Straßenkreide draußen Hüpfkästchen auf den Weg aufmalen und gemeinsam mit den Kindern darüber springen.

# Im Gänsemarsch

Haben Sie Linien auf dem Boden, im Teppich, auf den Fliesen oder im Holzfußboden? Dann gehen Sie mit allen Kindern hintereinander auf den Linien. Gehen Sie mit einer Trillerpfeife voranweg. Wenn der Pfiff ertönt, ändern alle sofort die Richtung und gehen in die Gegenrichtung weiter. Natürlich wird es die ersten Male ein großes Hallo, allgemeine Verwirrung und viel Spaß geben, bevor alle wissen, was der Pfiff bedeutet, aber das macht auch den Spaß dieses Spiels aus.

### VARIANTE

Wenn die Kinder mit diesem Spiel etwas vertrauter sind, können auch kleine Dreier- oder Vierergruppen gebildet werden, die hintereinander herlaufen und auf Ihre Trillerpfeife hören. Natürlich kann auch eines der Kinder „den Ton angeben".

**ACHTUNG:** Beobachten Sie die Kinder genau, ob der Ton der Trillerpfeife ihnen Angst macht oder ob sie es als Spielgerät akzeptieren. Ansonsten rufen Sie stattdessen laut „Hoppla" und drehen sich um.

# Mit den Füßen greifen

In einen Reifen oder auf einer Matte verschiedene Kleinmaterialien auslegen (Tennisball, Kirschkernsäckchen, Tennisring, Chiffontuch usw.). Setzen Sie sich mit den Kindern um die Kleinmaterialien. Gemeinsam greifen Sie diese mit den Füßen und legen sie neben sich ab. Dann greifen alle mit den Füßen die abgelegten Materialien und bringen sie wieder in den Reifen oder auf die Matte zurück.

# Spiele mit Chiffontüchern

Spielen mit Tüchern bedeutet für Willkommenskinder sowohl Forschen, Entdecken als auch Lernen. Mit diesem weichen Material können sie sich alleine damit zurückziehen oder gemeinsam spielen. Die leuchtenden Farben wecken die Kreativität der Kinder und die Tücher lassen sich auch in Rollenspielen vielfältig einsetzen. Kinder probieren vielfältige Spielmöglichkeiten aus und sind mit viel Begeisterung und Spielfreude dabei. Durch die langsamen Bewegungen der Tücher wird zudem die Auge-Hand-Koordination gefördert.

**Material:** viele verschiedenfarbige Chiffontücher; Wäscheklammern; kleine Kiste; Reifen; Leine

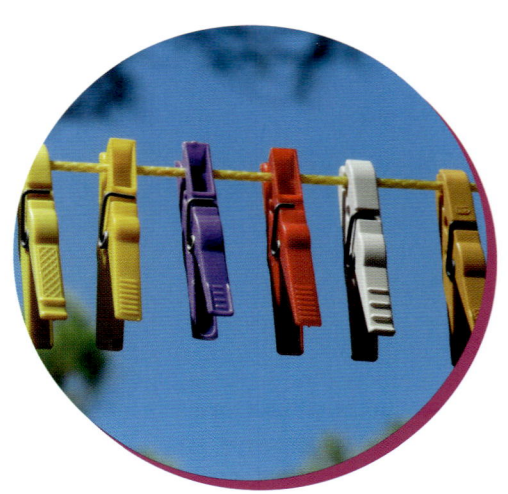

## Vorbereitung

Setzen Sie sich für die Kinder deutlich sichtbar auf den Boden und stellen Sie vor sich eine kleine Kiste mit bunten Tüchern. Falls Sie mit Kindern arbeiten, die es noch nicht gewöhnt sind, selbstbestimmt ihr Spielzeug zu wählen, beginnen Sie mit den Tüchern zu spielen: durchsuchen Sie die Tücher, legen Sie sich die Tücher um die Hände, halten Sie ein Tuch gegen das Licht, verknoten Sie zwei Tücher miteinander usw. Schon bald werden Sie die Aufmerksamkeit der Kinder auf sich ziehen, die sich dann auch ein oder mehrere Tücher auswählen.

### Hinweis
Bitte keine Spiele mit evtl. traumatisierten Kindern spielen, bei denen Tücher über den Kopf gelegt oder die Augen verbunden werden. Versteckspiele können Kriegs- oder Fluchterlebnisse wachrufen. Sollten die Kinder sich selbst die Tücher über den Kopf legen, können Sie diese Anregung behutsam aufnehmen.

# Chiffon-Blume

Begeistern Sie sehr ängstliche Kindern mit einer magischen Chiffon-Blume: Zerknüllen Sie deutlich sichtbar für das Kind ein Chiffontuch fest in Ihren Händen. Nun halten Sie die geschlossenen Hände in Richtung des Kindes, pusten leicht gegen Ihre geschlossenen Hände, öffnen langsam die Handflächen und lassen nach und nach eine Blüte in Ihren Händen wachsen.

# Mit Händen und Füßen

Alle Kinder legen ihre Tücher in die Mitte und setzen sich drumherum. Zählen Sie „eins, zwei, drei" und bei „drei" greift sich jeder schnell wieder ein Tuch. Greifen zwei Kinder das gleiche Tuch, dürfen sie mit der anderen Hand schnell das noch in der Mitte liegende Tuch schnappen. Variieren Sie dieses Spiel, indem Sie die Kinder bitten, vorab eine Hand auf den Rücken zu legen und nur mit einer Hand nach den Tüchern zu greifen.

Anschließend greifen sich die Kinder mit den Füßen ein Tuch und befördern es wie bei einem Rückwärts-Purzelbaum hinter ihren Kopf und legen es dort ab. Wer schafft es, das Tuch wieder hinter sich nur mit den Füßen zu greifen und zurück in die Mitte zu legen?

Vorschulkinder setzen sich in einem Kreis auf und reichen ein Tuch nur mit den Füßen weiter.

# Weich und leicht

Lassen Sie die Kinder bewusst die Weichheit des Tuches spüren: führen Sie Ihr Tuch leicht an Ihre Wange und fordern Sie die Kinder auf, es Ihnen nachzumachen. Anschließend halten Sie das Tuch hoch, sehen hindurch und werfen es in die Höhe. Langsam segelt das Tuch zu Boden.

Die Kinder experimentieren mit den Tüchern und probieren aus, wie es bewegt werden kann: auf und ab schwingen oder vor dem Körper kreisend. Nehmen Sie die Anregungen der Kinder auf und signalisieren Sie der Gruppe, es Ihnen nachzumachen.

# Kleine Schmetterlinge

Nehmen Sie in jede Hand ein Chiffontuch und bewegen Sie sich gemeinsam mit den Kindern durch den Raum. Alle „flattern" mit den Flügeln (Tüchern). In regelmäßigen Abständen werden die kleinen Schmetterlinge müde (deutlich gähnen, klein auf den Boden hocken und leise schnarchen). Nach einigen Momenten der Ruhe flattern wieder alle weiter. Wiederholen Sie dieses mehrfach, damit die Kinder mit den unterschiedlichen Bewegungen und ihrer Bedeutung vertraut werden.

## Wo ist das Tuch?

Wohin kann das Tuch überall verschwinden? Unterm T-Shirt, unter den Füßen, im Schrank, hinterm Rücken? Oder einfach draufsetzen? Sobald das Tuch weg ist, mimen Sie Erstaunen, zucken mit den Schultern und machen einen ratlosen Gesichtsausdruck. Sobald das Tuch wieder da ist, klatschen Sie in die Hände und rufen: „Hurra, hurra, das Tuch ist wieder da!" Nehmen Sie dazu auch die Vorschläge der Kinder auf.

## Rundherum

Jedes Kind breitet sein Tuch vor sich auf dem Boden aus und setzt sich vorsichtig darauf. Nun stoßen sie sich mit den Füßen ab und rutschen mit Fußantrieb rückwärts durch den Raum. Anschießend versuchen sich alle Kinder auf dem Tuch sitzend um die eigene Achse zu drehen.

## Wäsche aufhängen

Einen Reifen oder eine Leine aufhängen. Daran hängen die Kinder mit Wäscheklammern ihre Tücher.

Anschließend ziehen Sie den Reifen oder die Leine etwas höher und lassen die Kinder durch diese „Tuchdusche" laufen und die Berührung der weichen Tücher genießen.

### Tipp
Lassen Sie die Kinder die Wäscheklammern selbst auseinanderdrücken, um auf diese Weise ihre Fingerkraft und Handgeschicklichkeit zu fördern.

rückwärts gehen

auf allen Vieren krabbeln

hüpfen

liegen

## Mini-Bildwörterbuch

Im Anhang ab Seite 80 finden Sie ein Mini-Bildwörterbuch für die nonverbale Kommunikation. Auf Seite 81 finden Sie Bilder zu den wichtigsten Begriffen, die Sie zur Durchführung der Spiele aus diesem Kapitel unterstützend einsetzen können.

# Spiele ohne Worte

Andrea Erkert

Es ist immer wieder faszinierend, wie Kinder, obwohl sie verschiedene Sprachen sprechen, vergnügt miteinander spielen. Indem sie das Gesagte durch Mimik und Gestik unterstützen, können sie sich relativ schnell auf einfache Weise verständigen. Die kooperativen Spielideen in diesem Kapitel knüpfen daran an. Sie fördern den Wir-Gedanken und den Zusammenhalt in der Gruppe und kommen zum Teil mit wenig oder ohne Worte(n) aus. Sie eignen sich insbesondere für Kinder ohne Deutschkenntnisse und solche, die ängstlich und zurückhaltend sind. Sie helfen ihnen dabei, sich als Teil der Gruppe zu begreifen und dabei auch ihre eigenen Stärken zu entdecken.

# Wir bauen einen Turm

Bei diesem Spiel lernen die Kinder, dass so manches schöne Bauwerk erst dann entstehen kann, wenn alle ihren Teil dazu beitragen. Dennoch kann es passieren, dass ein Bauwerk, z. B. durch Krieg oder eine Umweltkatastrophe, wieder zerstört wird. Danach heißt es Ärmel hochkrempeln und vielleicht noch etwas Schöneres bauen!

**Alter:** ab 5 Jahren
**Material:** pro Kind 2 – 3 Bauklötze;
1 Klangschale mit Schlägel oder Klöppel

## Spielablauf

Die Kinder sitzen um einen Tisch herum. Je nachdem, wie viele Kinder mitspielen, erhalten sie zwei bis drei Bauklötze.

Ein Kind beginnt und legt seinen Bauklotz auf die Tischmitte. Es deutet auf ein anderes Kind, das nun seinen Bauklotz auf den ersten legt. Danach zeigt das Kind auf ein weiteres, das auf die beiden Bauklötze einen dritten platziert. Auf diese Weise geht es immer weiter, bis alle ihre Bausteine übereinander aufstapeln konnten.

Ist der Turm fertiggestellt, kommt ein heftiger Sturm auf. Die Kinder werfen auf Anweisung der Spielleitung den Turm um.

Nach jedem Sturm scheint bekanntlich auch wieder die Sonne. Die Spielleitung schlägt die Klangschale an, deren Klang an die wohltuenden Sonnenstrahlen erinnern soll. Die Gruppe darf nun einen Turm nach ihren Vorstellungen bauen, der nun ganz anders aussehen kann.

### Tipp

Spielen mehr als sechs Kinder mit, können mehrere Tischgruppen gebildet werden, sodass die einzelnen Kindern nicht allzu lange warten müssen, bis sie an die Reihe kommen. Erst wenn alle Türme auf den Tischen stehen, „stürmt" es heftig. Danach verläuft alles so wie oben beschrieben.

### Variante ab 3 Jahren

Das Spielleitung baut einen Turm mit den Bauklötzen und wirft ihn vor den Augen der Kinder um. Danach schlägt sie die Klangschale an. Schaffen es die Kinder, wieder einen Turm miteinander zu bauen?

# Alles auf eine Karte!

Bei diesem Spiel erfahren die Kinder, dass man manchmal eine Entscheidung treffen muss, um miteinander ein bestimmtes Ziel zu erreichen.

**Alter:** ab 5 Jahren
**Material:** für jedes zweite Kind 1 Plüschtier; 1 Spielkarte, z. B. aus einem Gesellschaftsspiel; evtl. 1 leerer Wäschekorb und pro Kind 1 Plüschtier

## Spielablauf

Die Kinder bilden einen Stuhlkreis, in dessen Mitte die Spielleitung einen Stuhl stellt. Sie teilt die Kinder in zwei gleich große Gruppen ein und übergibt jedem Kind aus der ersten Gruppe ein Plüschtier und holt sich eine Karte. Danach möchte sie von der zweiten Gruppe wissen, ob sie glauben, dass alle Plüschtiere der Kinder aus der ersten Gruppe auf dem Stuhl in der Kreismitte Platz haben.

Die Kinder aus der zweiten Gruppe beratschlagen sich miteinander und treffen eine Entscheidung. Danach hebt die Spielleitung eine Karte in die Luft und ruft laut: „Alles auf eine Karte, fertig, los!"

Die Kinder aus der ersten Gruppe laufen nun mit ihren Plüschtieren in Richtung des freien Stuhls, um diese auf irgendeine Weise auf dem Stuhl zu platzieren. Wird die erste Gruppe die Aufgabe meistern? Die Kinder aus der zweiten Gruppe sind gespannt, ob sie die richtige Entscheidung getroffen haben oder nicht.

Danach findet ein Rollenwechsel statt, indem die Kinder aus der zweiten Gruppe die Plüschtiere erhalten.

### VARIANTE AB 3 JAHREN

Anstelle des Stuhls stellt die Spielleitung einen leeren Wäschekorb in die Kreismitte, in dem alle Plüschtiere untergebracht werden sollen. Die Spielleitung hebt die „Karte" in die Luft und ruft „Alles auf eine Karte!". Daraufhin laufen alle Kinder los, um ihre Plüschtiere in den Wäschekorb zu legen. Wird die Gruppe die Aufgabe gemeinsam meistern?

### TIPP

Sollten keine Plüschtiere zur Hand sein, können die Kinder für die Spielvariante auch ihre Hausschuhe verwenden. Falls jedoch ein Kind seine Hausschuhe nicht ausziehen möchte, holt es sich einfach ein paar andere Schuhe aus dem Schuhregal.

# Mit vereinten Kräften

# Wie am Fließband!

**Bei den nun folgenden vier Spielen erleben die Kinder, dass sie gemeinsam so manches viel leichter erreichen können. Dabei spielen sie gegen die Zeit.**

**Alter:** ab 5 Jahren
**Material:** 1 Spielfigur aus einem Gesellschaftsspiel; 1 Würfel; 1 Sanduhr (Laufzeit: 1 Minute)

## Spielablauf

Die Kinder sitzen an einem Tisch beisammen. Eines von ihnen erhält von der Spielleitung eine Spielfigur und einen Würfel. Die Spielleitung dreht eine Sanduhr um und stellt sie auf den Tisch.

Das Kind beginnt nun das Würfelspiel. Je nachdem, welche Punktzahl gewürfelt wurde, wird die Spielfigur nach links auf dem Tisch weitergeschoben. Danach darf dasjenige Kind würfeln, das nun die Spielfigur vor sich stehen hat.

Wird die Spielfigur rechtzeitig das erste Kind am Tisch wieder erreichen, bevor der Sand durchgerieselt ist? Falls nicht, fängt das Spiel von vorne an.

### VARIANTE AB 3 JAHREN
Die Kinder spielen das Spiel so wie oben beschrieben, jedoch ohne die Sanduhr, sodass sie keinen Zeitdruck haben.

**Alter:** ab 5 Jahren
**Material:** 1 Sanduhr (Laufzeit: 3 Minuten) oder 1 Uhr mit Sekundenzeiger

## Spielablauf

Die Kinder sitzen im Stuhlkreis beisammen. Jedes Kind übergibt der Spielleitung ein Kleidungsstück, wie z. B. einen Schuh, ein Halstuch, eine Mütze oder eine Jacke.

Die Spielleitung dreht eine Sanduhr um und stellt sie auf den Boden. Sie übergibt z. B. einen Schuh dem Kind, das links neben ihr sitzt. Das Kind wiederum überreicht den Schuh schnell seinem linken Nachbarskind. Der Schuh wandert nun so lange von Hand zu Hand links im Kreis herum, bis ein Kind seinen Schuh erkennt und „Stopp!" ruft. Es legt seinen Schuh rasch unter seinen Stuhl.

Eine neue Spielrunde beginnt mit einem anderen Kleidungsstück. Erst wenn alle Kleidungsstücke unter den Stühlen liegen oder der Sand durchgerieselt ist, beendet die Gruppe das Spiel. Im ersten Fall ist jedoch alles wie am Fließband gelaufen.

### VARIANTE AB 3 JAHREN
Das Spiel verläuft wie oben beschrieben, jedoch ohne Sanduhr, sodass die Kinder keinen Zeitdruck haben. Außerdem werden lediglich zwei bis drei Kleidungsstücke der Kinder für das Spiel verwendet.

# Wir helfen dir

**Alter:** ab 5 Jahren
**Material:** 12 x 2 gleiche Bilderkarten;
1 Stoppuhr oder Uhr mit Sekundenzeiger

## Vorbereitung

Die Spielleitung legt zwölf Karten mit unterschiedlichen Motiven verdeckt auf den Tisch, um den sich die Gruppe herumsetzt. Die anderen zwölf Karten, auf denen die gleichen Motive abgebildet sind, hält sie in den Händen.

## Spielablauf

Die Spielleitung zeigt ein Bildmotiv. Ein Kind beginnt und dreht eine Karte um. Sollte das gleiche Bildmotiv zu sehen sein, darf es beide Karten zur Seite legen. Ansonsten verdeckt es wieder die Karte.

Danach hebt die Spielleitung eine neue Karte gut sichtbar in die Luft, sodass das linke Nachbarskind des ersten Kindes auf die gleiche Weise das Spiel fortsetzen kann. Dabei dürfen die übrigen Kinder stets einen Tipp abgeben und so dem Kind bei der Suche nach dem gleichen Bildmotiv weiterhelfen.

Das Spiel ist aus, sobald alle Bildpaare gefunden wurden. Die Spielleitung stoppt die Zeit. Die Kinder wiederholen das Spiel mit dem Ziel, die Aufgabe möglichst noch schneller zu meistern.

### VARIANTE AB 3 JAHREN
Das Spiel verläuft so wie oben beschrieben, jedoch spielen die Kinder nicht gegen die Zeit. Ziel ist es, möglichst alle Bildpaare gemeinsam ausfindig zu machen.

# Wir tragen dich

**Alter:** ab 5 Jahren
**Material:** 1 Stoppuhr oder 1 Uhr mit Sekundenzeiger

## Spielablauf

Alle Kinder sitzen im Stuhlkreis beisammen. Drei Kinder nehmen ihre Stühle und setzen sich in den Innenkreis.

Auf ein Kommando der Spielleitung trägt die Gruppe die drei Kinder, die auf ihren Stühlen sitzen, schnellstmöglich in Richtung Stuhlkreis. Sie setzen sie dann in jeweils einer Kreislücke ab. Die Spielleitung stoppt die Zeit, sobald alle Kinder wieder im Stuhlkreis beisammen sitzen.

Die Kinder wiederholen das Spiel mit dem Ziel, die Aufgabe noch schneller zu erfüllen.

### VARIANTE
Die Kinder sitzen in Gruppen an verschiedenen Tischen. Jeweils ein Kind von jeder Tischgruppe steht auf und nimmt seinen Stuhl. Die betreffenden Kinder stellen ihre Stühle der Reihe nach direkt vor eine freie Wand und nehmen dann Platz.

Auf ein Startkommando der Spielleitung laufen die übrigen Kinder los, um die Kinder rasch auf ihren Stühlen zu ihren Ausgangsplätzen zu tragen. Danach laufen sie rasch zu ihren Plätzen zurück. Die Spielleitung stoppt die Zeit, sobald alle Kinder wieder in Gruppen an den Tischen sitzen. Die Kinder wiederholen das Spiel und hoffen nun, die Aufgabe noch schneller zu meistern.

# Zufallsmalerei

Wie Musik und Kunst die Menschen unabhängig von ihrer Kultur, Religion, Sprache und Nationalität verbinden kann, zeigen die nun folgenden zwei Spielideen.

**Alter:** ab 5 Jahren
**Material:** 1 weißes DIN A3 Blatt Papier; 1 Bleistift; CD-Player; CD mit Tanzmusik; evtl. Buntstifte; evtl. pro Kind 1 weißes DIN A3 Papier und entweder 1 Wachsmalstift oder Malkittel, Zeitungsunterlagen, Wasserfarben und Wasserbecher

## Spielablauf

Die Kinder sitzen um einen Tisch herum. Eines von ihnen erhält von der Spielleitung ein Blatt Papier und einen Bleistift. Danach spielt die Spielleitung die Musik ab.

Während nun das Kind damit beginnt, irgendetwas zu zeichnen, patschen alle Kinder mit ihren Händen im Takt zur Musik auf ihre Oberschenkel. Das geht so lange, bis die Spielleitung die Pausentaste des Abspielgerätes

drückt. Das Kind überreicht sein Blatt Papier und den Stift seinem linken Nachbarskind, das nun das Zeichenspiel fortsetzt, sobald die Musik erklingt. Die übrigen Kinder dürfen dann auf Anweisung der Spielleitung hin im Takt der Musik z. B. auf den Boden stampfen oder mit den Fingern auf die Tischkante tippen. Das Spiel geht so immer weiter, bis die Musik beendet ist.

Am Ende bewundern alle Kinder ihr Gemeinschaftsbild ausgiebig und malen es, falls sie möchten, noch aus.

### Variante ab 4 Jahren

Zum Rhythmus der Musik malen alle Kinder mit ihren Wachsmalstiften so lange auf ihrem Blatt Papier, bis die Musik stoppt. In der nächsten Spielrunde dürfen sie auf Anweisung der Spielleitung hin im Takt zur Musik z. B. mit den Ellenbogen auf die Tischplatte klopfen. Das geht so lange weiter, bis die Musik wieder stoppt. Erklingt erneut die Musik, malen sie ihr angefangenes Bild einfach weiter. Das Hin und Her geht so lange, bis die Musik beendet ist.

Die Kinder nehmen nun die einzelnen Bilder in Augenschein, um sich daran zu erfreuen.

### Tipp

Statt Wachsmalstifte zu verwenden, können die Kinder auch ihren Malkittel anziehen und Wasserfarben benutzen. Solange die „nassen" Farben ineinander verlaufen, können immer wieder völlig neue Bilder entstehen!

# Tischtrommel

Trommeln ist Kommunikation ohne Worte! Es ist u. a. eine gute Möglichkeit, Gefühle auszudrücken, Kreativität auszuleben und auf spielerische Weise miteinander in Kontakt zu treten. Zudem fühlen sich alle Kinder in die Gruppe integriert, sobald sie miteinander trommeln und dabei auch ihre Lebensfreude zeigen können.

**Alter:** ab 5 Jahren
**Material:** CD-Player; CD mit flotter Tanzmusik

## Spielablauf

Die Kinder sitzen um einen Tisch herum. Zum Rhythmus der Musik beginnt ein Kind, z. B. mit den beiden Händen, auf die Tischplatte zu patschen. Die übrigen Kinder machen alles so lange nach, bis das Kind kurz die rechte Schulter seines linken Nachbarkindes antippt. Das betreffende Kind kann nun auf eine andere Art den Rhythmus der Musik begleiten, indem es im Takt z. B. mit der Faust oder den beiden Ellenbogen gegen die Tischplatte klopft oder mit dem Zeigefinger auf die Tischkante tippt. Die übrigen Kinder ahmen alles wieder so lange nach, bis das Kind dann die rechte Schulter seines linken Nachbarkindes berührt.

Auf diese Weise geht es reihum so lange weiter, bis die Musik beendet ist.

### VARIANTE

Statt sich an einen Tisch zu setzen, bilden die Kinder einen Stuhlkreis. Dabei achten sie darauf, dass jede Stuhllehne in Richtung Kreismitte zeigt. Die Kinder knien sich im Außenkreis vor ihre Trommeln (bzw. Stühle) und führen das Spiel so wie links beschrieben durch.

### VARIANTE AB 3 JAHREN

Die Spielleitung patscht mit den Händen im Takt zur Musik auf die Tischplatte. Die Gruppe macht sofort mit. Nach einer Weile stellt die Spielleitung der Gruppe eine neue Art zu trommeln vor und lädt so die Kinder wieder zum Mitmachen ein. Das Spiel wird so immer weitergeführt, bis die Musik beendet ist.

# Floh-Alarm!

Bei den folgenden drei Spielen sollen die Kinder nach Herzenslust Unsinn machen und dabei einfach fröhlich sein.

**Alter:** ab 5 Jahren
**Material:** pro Kind 1 Notizblatt, 1 schwarzer Stift; evtl. 4 Markierungskegel

## Vorbereitung

Die Spielleitung malt auf jedes dritte Notizblatt jeweils einen kleinen Punkt, der einen Floh darstellt. Jedes Kind erhält einen Zettel.

## Spielablauf

Zum Rhythmus der Musik tanzen alle Kinder auf einem begrenzten Spielfeld herum, das die Spielleitung mithilfe von vier Markierungskegeln kennzeichnen kann.

Begegnen sich zwei Kinder, tauschen sie ihre Zettel miteinander aus. Das geht so lange, bis die Musik stoppt. Die Kinder schauen rasch auf ihre Zettel und sind gespannt, wer von ihnen einen Punkt auf dem Zettel hat und somit einen Floh darstellt. Die betreffenden Kinder dürfen nun allen übrigen Kindern nachlaufen, um sie zu kitzeln. Diese nehmen jedoch sofort Reißaus.

Erklingt die Musik erneut, beginnt eine weitere Spielrunde. Das Spiel ist aus, sobald die Musik beendet ist.

### Variante ab 3 Jahren
Die Kinder tanzen vergnügt auf dem Spielfeld herum. Stoppt die Spielleitung jedoch die Musik, sind alle Kinder in Alarmbereitschaft. Sobald nämlich die Spielleitung „Floh-Alarm!" ruft, laufen alle Kinder sofort los. Die Spielleitung läuft den Kindern hinterher, um sie zu kitzeln.

# Crazy Karussell

**Alter:** ab 5 Jahren
**Material:** 1 Handtrommel

## Spielablauf

Die Kinder stehen vor ihren Stühlen Hand in Hand im Kreis beisammen und stellen so ein Karussell dar.

Die Spielleitung trommelt einmal ganz laut. Daraufhin setzen sich alle Kinder in den Stuhlkreis, und zwar ohne dass sie sich gegenseitig loslassen. Trommelt die Spielleitung erneut, stehen alle Kinder auf und gehen einen Platz nach links im Kreis herum. Danach folgt ein weiterer kräftiger Trommelschlag. Die Kinder setzen sich wieder in den Stuhlkreis. Dabei halten sie sich stets an den Händen fest. Je schneller die Anweisungen folgen, desto mehr Schwung kommt ins Spiel und umso größer dürfte dabei das Gelächter sein.

Das Spiel geht so immer weiter, bis alle Kinder wieder Hand in Hand auf ihrem Ausgangsplatz stehen oder ein Kind ein anderes loslässt.

### Variante ab 3 Jahren
Zum Rhythmus des Trommelspiels gehen die Kinder Hand in Hand so lange seitwärts im Kreis herum, bis sie entweder wieder auf ihrem Ausgangsplatz stehen oder ein Kind ein anderes loslässt. Im letzten Fall wiederholt die Gruppe einfach das Spiel.

# Wer bringt uns zum Lachen?

**Alter:** ab 3 Jahren
**Material:** 1 Softball; CD-Player; CD mit Tanzmusik; evtl. 2 – 3 Softbälle

## Spielablauf

Die Kinder sitzen auf Kissen im Kreis beisammen.

Während nun die Spielleitung die Musik einschaltet, rollen die Kinder den Ball kreuz und quer im Inneren des Kreises herum. Das geht so lange, bis die Spielleitung die Musik stoppt. Dasjenige Kind, das gerade den Ball hat, kann zur Freude der übrigen Kinder z. B. eine lustige Grimasse schneiden, aufstehen und mit dem Po wackeln oder einfach so wie ein Affe auf der Stelle herumspringen. Das Kind hört jedoch auf, sobald die Musik wieder erklingt und somit eine neue Spielrunde startet.

Auf diese Weise geht es immer weiter, bis die Musik beendet ist.

### VARIANTE AB 5 JAHREN

Die Kinder rollen zwei bis drei Softbälle gleichzeitig im Inneren des Kreises herum. Sobald jedoch die Musik stoppt, dürfen die Kinder, die gerade einen Ball in den Händen halten, Clowns spielen und im Inneren des Kreises so lange Unsinn machen, bis die Musik wieder erklingt.

# Ein Glücksstein für dich

Bei dem folgenden Spiel lernen die Kinder, vielleicht auch mal auf einen bestimmten Stein zu verzichten, damit alle noch rechtzeitig einen bekommen.

**Alter:** ab 5 Jahren
**Material:** 1 Schale gefüllt mit jeder Menge Halbedelsteinen o. Ä.; 1 Sanduhr (Laufzeit: 3 Minuten) oder 1 Uhr mit Sekundenzeiger

## Vorbereitung

Die Kinder sitzen im Stuhlkreis beisammen, in dessen Mitte die Spielleitung eine Schale mit Halbedelsteinen platziert. Dann dreht sie eine Sanduhr um, die sie auf den Boden stellt.

## Spielablauf

Ein Kind geht in Richtung Kreismitte und holt sich einen Edelstein, den es einem anderen Kind anbietet. Das Kind kann den Glücksstein annehmen oder, falls ihm der Stein nicht so gut gefällt, ablehnen. Im ersten Fall steckt das ausgewählte Kind den Stein in seine Hosentasche, tauscht mit dem Kind den Platz. Es holt sich dann einen neuen Stein aus der Schale, den es einem anderen Kind anbietet. Im zweiten Fall kostet das jedoch Spielzeit. Das erste Kind muss nämlich ein neues Kind suchen, um den Edelstein endlich loszuwerden. Ziel ist, dass alle Kinder einen Glücksstein haben, bevor der Sand durchgerieselt ist.

### VARIANTE

Die Kinder sitzen im Stuhlkreis beisammen, in dessen Mitte die Spielleitung eine Sanduhr umdreht und auf dem Boden platziert. Ein Kind erhält die Schale mit Halbedelsteinen. Es wendet sich seinem linken Nachbarskind zu und übergibt ihm den Glücksstein. Das Kind kann entweder den Glücksstein annehmen oder ablehnen. Im letzten Fall legt das erste Kind den Stein wieder zurück in die Schale. Das zweite Kind nimmt dann lediglich die Schale entgegen, um wiederum seinem linken Nachbarskind daraus einen Glücksstein zu überreichen. Die Schale wandert nun so lange von Hand zu Hand im Kreis herum, bis entweder alle einen Glücksstein in den Händen halten oder der Sand durchgerieselt ist.

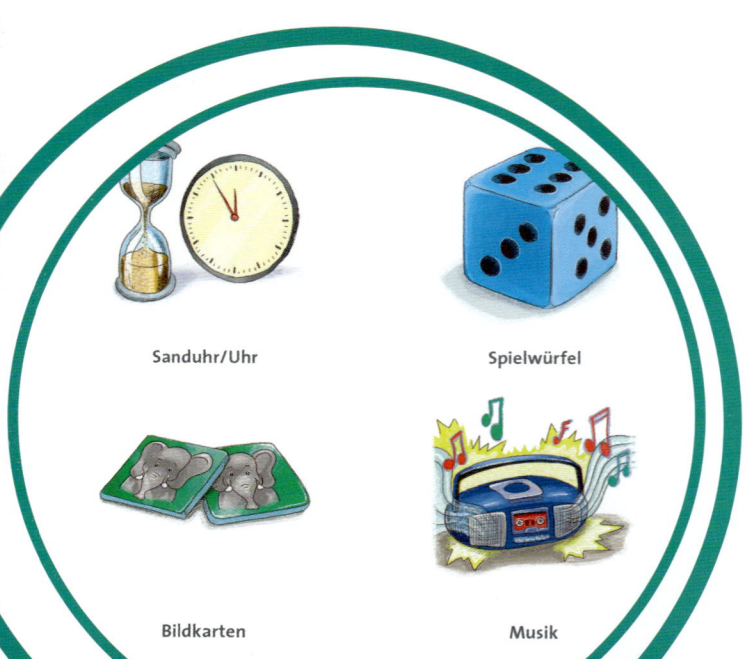

Sanduhr/Uhr

Spielwürfel

Bildkarten

Musik

## Mini-Bildwörterbuch

Im Anhang ab Seite 80 finden Sie ein Mini-Bildwörterbuch für die nonverbale Kommunikation mit den Kindern und Eltern. Auf Seite 82 finden Sie Bilder zu den wichtigsten Begriffen, die Sie zur Durchführung der Spiele aus diesem Kapitel benötigen.

# Sprach-förderspiele

Andrea Erkert

Kinder, die über eine gute Sprach-kenntnis verfügen, haben viele Vorteile: Sie können leicht soziale Kontakte knüpfen, sich besser im Alltag behaupten und später in der Schule schneller Lesen und Schreiben lernen. Im Vorschulalter können Kinder oftmals rasch eine weitere Sprache erlernen. Dazu benötigen sie jedoch positive Sprachvorbilder, aber auch vielfältige Spiele und andere Angebote, die zum Handeln und Sprechen herausfordern. Hier werden nun Spiele mit einfachen Sätzen vorgestellt, die mit Handlungen verknüpft sind. Diese sprechen jedoch nicht nur Kinder ohne oder mit wenig Deutschkenntnisse(n) an, sodass alle Kinder in der Gruppe voller Freude dabei sein werden.

# Ich heiße Mohamed!

Die Kinder üben nun, ein anderes Kind nach seinem Vornamen zu fragen und sich mit ihrem Namen vorzustellen. Ein wichtiger Schritt, um miteinander in Kontakt zu kommen.

**Alter:** ab 3 Jahren
**Material:** evtl. 1 Augenbinde

## Spielablauf

Alle Kinder mit Ausnahme von einem Kind bilden einen Stuhlkreis. Das übrige Kind stellt sich in die Kreismitte. Es erhält die Aufgabe, ein bestimmtes Kind, das z. B. Mohamed heißt, ausfindig zu machen. Damit das gelingt, geht das Kind auf eines der Kinder zu, um es zu fragen, wie es heißt. Das Kind gibt Antwort, indem es z. B. sagt: „Ich heiße Ricardo!". In diesem Fall setzt das Kind seine Suche fort. Sobald es jedoch vor einem Kind steht, das sagt, dass es Mohamed heißt, tauschen beide ihre Rollen.

In der nächsten Spielrunde darf ein neues Kind im Inneren des Kreises ein bestimmtes Kind ausfindig machen.

Nach ein paar Durchgängen ist das Spiel beendet.

### VARIANTE AB 5 JAHREN

Die Spielleitung verbindet einem Kind im Innenkreis die Augen, das sich dann auf die Suche nach einem bestimmten Kind macht, auf das die Spielleitung deutet. Sobald es ein Kind berührt, bleibt es vor diesem stehen und möchte wissen, wie es heißt. Wurde das Kind gefunden, tauschen die beiden Kinder ihre Plätze. Das neue Kind macht sich dann mit verbundenen Augen im Innenkreis auf die Suche nach einem anderen Kind, auf das die Spielleitung kurz vor Spielbeginn deutet. Auf diese Weise finden noch ein paar Spielrunden statt.

### HINWEIS

Sollte jedoch ein Kind eine Augenbinde, die in der Spielvariante verwendet wird, ablehnen, kann es entweder die Augen schließen oder sich einfach die Hände vor die Augen halten.

# Wie alt bist du?

**Jedes Kind sollte wissen, wie alt es ist. Mithilfe des folgenden Fingerspiels lernen das die Kinder im Handumdrehen.**

**Alter:** ab 4 Jahren
**Material:** evtl. 1 oder mehrere schwarze Schminkstifte

Der Erste sagt: „Ich bin 1 Jahr alt!"
Der Zweite sagt: „Ich bin 2 Jahre alt!"
Der Dritte sagt: „Ich bin 3 Jahre alt!
Der Vierte sagt: „Ich bin 4 Jahre alt"
Der Fünfte sagt: „Ich bin 5 Jahre alt!"
Der Sechste sagt: „Ich bin 6 Jahre alt!
Der Siebte sagt: „Ich bin 7 Jahre alt"
Der Achte sagt: „Ich bin 8 Jahre alt!
Der Neunte sagt: „Ich bin 9 Jahre alt!
Der Zehnte sagt: „Ich bin 10 Jahre alt!"
Der Gruppe lässt es keine Ruh'.
Sie fragt dich nun: „Wie alt bist du?"

## Spielablauf

Zwei Fäuste bilden. Ausgehend vom Daumen einer Hand der Reihe nach die einzelnen Finger ausstrecken. Zum Schluss alle zehn Finger kurz zappeln lassen und mit dem Zeigefinger auf ein beliebiges Kind in der Runde deuten, das nun den anderen Kindern sein Alter verraten darf.

### TIPP
Wesentlich zeitintensiver, aber besonders witzig ist es, wenn die Kinder direkt auf die Fingerkuppen jeweils ein Gesicht malen und auf diese Weise das Fingerspiel durchführen.

### VARIANTE AB 5 JAHREN
Ein Kind beginnt, steht auf und sagt den ersten Satz. Danach steht sein linkes Nachbarskind auf und sagt den zweiten Satz. So geht's immer weiter, bis zehn Kinder vor ihren Stühlen im Kreis stehen. Am Ende deuten alle zehn Kinder in Richtung der übrigen Kinder, die nun der Reihe nach der Gruppe laut ihr Alter mitteilen dürfen.

# Wie geht es dir?

Damit die Kinder ihre Gefühle einordnen lernen und auch auf Deutsch sagen können, ob sie z. B. traurig, wütend, ängstlich, müde oder glücklich sind, eignet sich dieses Spiel. Da ein bestimmtes Gefühl auf verschiedene Arten geäußert werden kann, wird es gleich alles andere als langweilig.

**Alter:** ab 3 Jahren

## Spielablauf

Die Kinder sitzen im Stuhlkreis beisammen. Die Spielleitung stellt ein Gefühl pantomimisch dar, indem sie z. B. die Schultern hängen lässt, den Kopf in Richtung Boden neigt, einen traurigen Gesichtsausdruck macht und vielleicht dabei auch noch so tut, als ob sie weinen würde. Dabei sagt sie laut: „Ich bin traurig!". Die Gruppe sagt dann laut: „Du bist traurig!". Danach zeigt sie, wie wütend sie sein kann, indem sie z. B. mit dem Fuß auf den Boden stampft, eine Hand zur Faust ballt oder die Lippen zusammenpresst und die Augen zusammenkneift.

Auf diese Weise lernen die Kinder auch die Gefühlszustände „ängstlich", „müde" und „glücklich" kennen.

Wurden die einzelnen Gefühlszustände mehrmals auf unterschiedliche Weise pantomimisch dargestellt, ist das Spiel beendet.

### Weitere Beispiele
- **ängstlich:** beide Hände vor das Gesicht halten und mit weit aufgerissenen Augen zwischen den gespreizten Fingern hervorschauen.
- **müde:** auffällig und ausgiebig gähnen und die anderen dabei mit einem schläfrigen Blick anschauen.
- **glücklich:** lachen und dabei einen Luftsprung machen.

### VARIANTE AB 5 JAHREN

Die Spielleitung stellt ein paar Gefühlszustände pantomimisch dar, die sie benennt, indem sie passend dazu z. B. sagt: „Ich bin glücklich!", „Ich bin wütend!", „Ich bin traurig!" usw. Die Gruppe ahmt und sagt alles nach. Danach geht sie auf ein Kind zu. Sie bleibt direkt vor dem Kind stehen und fragt laut: „Wie geht es dir?". Das Kind kann z. B. sich die Augen reiben, laut gähnen und passend dazu sagen: „Ich bin müde!". Stimmt die Körpersprache mit dem Gesagten überein, tauscht sie mit dem Kind den Platz, das nun zu einem anderen Kind geht, um sich nach dessen Wohlbefinden zu erkundigen. Das Spiel geht so lange, bis alle Kinder einmal an der Reihe gewesen sind.

# Bitte und Danke

Bei dem hier vorgestellten Spiel lernen die Kinder ein Praxisbeispiel kennen, bei dem die Worte „Bitte!" und „Danke!" keinesfalls fehlen sollten.

**Alter:** ab 5 Jahren
**Material:** 1 Softball oder andere Dinge, wie z. B. 1 Taschentuch, 1 Bleistift, 1 Apfel aus Plastik oder Holz

## Spielablauf

Die Kinder sitzen im Stuhlkreis beisammen. Eines von ihnen erhält von der Spielleitung einen Softball, den es einem anderen Kind aus der Gruppe übergibt und dabei laut „Bitte!" sagt. Das betreffende Kind bedankt sich und sucht sich ein neues Kind aus, das den Ball auf die gleiche Weise erhält.

So geht's immer weiter, bis alle Kinder ein paarmal an der Reihe gewesen sind. Danach können sie das Spiel mit kurzen Sätzen wiederholen, indem ein Kind auf ein anderes Kind zugeht und z. B. sagt: „Ich gebe dir meinen Ball! Bitteschön!" Das ausgewählte Kind antwortet dann: „Danke! Dein Ball gefällt mir sehr gut!".

### VARIANTE AB 3 JAHREN

Die Kinder sitzen auf Kissen im Kreis beisammen. Ein beliebiges Kind rollt den Ball einem anderen zu und sagt dabei laut „Bitte!". Das betreffende Kind bedankt sich für den Ball und rollt ihn sofort einem weiteren Kind zu. Dabei sagt es laut „Bitte!" usw.

### TIPP

Anstelle des Balles können auch andere Dinge zum Einsatz kommen. Auf diese Weise wird den Kindern bewusst gemacht, dass es viele Anlässe gibt, die ein Dankeschön wert sind. Für die Spielvariante sollten jedoch ausschließlich solche Dinge verwendet werden, die man sich gegenseitig zurollen kann, wie z. B. eine Klangkugel, ein Gymnastikreifen oder einfach ein Wollknäuel.

# Es tut mir leid!

Mithilfe des folgenden Spiels lernen die Kinder sich nicht nur zu entschuldigen, sondern auch Beispiele kennen, bei denen eine Entschuldigung durchaus angebracht ist.

**Alter:** ab 5 Jahren
**Material:** evtl. 1 Plüschtier

## Spielablauf

Alle Kinder mit Ausnahme von einem sitzen im Stuhlkreis beisammen. Das Kind stellt sich in die Kreismitte. Ein anderes Kind, das die Spielleitung auswählt, geht so lange rückwärts in Richtung Kreismitte, bis beide Rücken an Rücken aneinander stoßen. Das Kind wendet sich dem Kind in der Mitte zu, um sich bei diesem per Handschlag zu entschuldigen. Dabei hält es Blickkontakt. Die beiden Kinder tauschen ihre Plätze.

Die Spielleitung wählt nun ein neues Kind aus, das rückwärts in Richtung Kreismitte gehen darf.

Auf diese Weise wird das Spiel noch ein paarmal wiederholt.

### VARIANTE AB 4 JAHREN

Die Kinder stehen im Kreis beisammen. Ein Kind beginnt und legt ein Plüschtier auf den Stuhl seines linken Nachbarkindes. Auf Anweisung der Spielleitung hin setzen sich alle Kinder in den Stuhlkreis. Sobald das betreffende Kind auf dem Plüschtier sitzt, springt es sofort auf. Das Kind, dem das Plüschtier gehört, wendet sich dem Kind zu, um sich bei diesem per Handschlag für seine Unachtsamkeit zu entschuldigen. Dabei schauen sich beide Kinder in die Augen. Das Kind setzt dann das Spiel mithilfe des Plüschtiers bei seinem linken Nachbarskind fort.

### TIPP

Um den Kindern weitere Situationen zu zeigen, bei denen es nötig ist, sich zu entschuldigen, spielt die Spielleitung und eine andere erwachsene Person den Kindern nacheinander zwei oder drei Situationen vor, z.B.: Jemand ist unachtsam und tritt dem anderen auf den Fuß oder schubst ihn vielleicht sogar absichtlich, sodass er auf den Boden fällt und sich weh tut.

# Patchworkdecke aus Papier

Bei den folgenden zwei Spielen lernen die Kinder Farben kennen, voneinander unterscheiden und benennen.

**Alter:** ab 5 Jahren
**Material:** 1 Farbwürfel; pro Kind 6 Faltpapiere, 10 cm x 10 cm oder kleine Stoffreste, passend zum Farbwürfel

## Spielablauf

Die Spielleitung holt sich einen Farbwürfel und übergibt jedem Kind sechs Faltpapiere, farblich passend zu den auf dem Würfel gezeigten Farben.

Sie fängt zu würfeln an. Je nachdem, welche Farbe gewürfelt wurde, müssen die übrigen Kinder blitzschnell reagieren und das Faltblatt mit der benannten Farbe in die Luft heben. Das Kind, dem das als Erstes gelingt, darf das Faltblatt vor sich auf den Tisch legen. Die Gruppe teilt noch rasch die Farbe des Faltblatts mit. Danach setzt die Spielleitung das Würfelspiel fort.

Wer als Erster einen Patchworkdecke vor sich auf dem Tisch mithilfe der Faltblätter anordnen konnte, gewinnt das Spiel.

### VARIANTE AB 3 JAHREN

Jedes Kind ordnet mithilfe seiner sechs unterschiedlich farbigen Faltblätter vor sich auf dem Tisch einen Patchworkdecke an.

Eines der Kinder würfelt. Wer weiß, welche Farbe das Kind gewürfelt hat? Sobald die richtige Farbe herausgerufen wurde, dürfen die Kinder das dazu passende Faltblatt aus ihrer Patchworkdecke entfernen. Danach darf das Kind, das am schnellsten die Farbe richtig benannt hat, das Würfelspiel fortsetzen.

Das Spiel ist aus, sobald alle Faltblätter zur Seite gelegt wurden.

### TIPP

Wer sich besonders viel Mühe machen möchte, verwendet anstelle der Faltblätter einfarbige Stoffreste, sodass alle Kinder am Ende eine tolle Patchworkdecke aus Stoff vor sich auf dem Tisch liegen haben.

# Kunterbunte Perlenkette

**Bei dem folgenden Spiel können die Kinder ihre Feinmotorik verbessern.**

**Alter:** ab 5 Jahren
**Material:** pro Kind 1 Perlenschnur oder ein farbiges Band und 24 Holzperlen o. Ä.

## Spielablauf

Die Spielleitung verknotet von jeder Schnur jeweils ein Ende und übergibt die Perlenschnüre den Kindern, die am Tisch beisammen sitzen. Danach verteilt sie auf dem Tisch die Perlen, die nicht zu nah beieinander liegen dürfen. Miteinander lernen sie zunächst jede Perlenfarbe kennen, indem die Spielleitung auf die einzelnen Perlen zeigt und die Farbe benennt, die alle Kinder sofort wiederholen.

Die Spielleitung teilt den Kindern eine beliebige Perlenfarbe mit. Dasjenige Kind, das am schnellsten mit der flachen Hand auf die Perle mit der gesuchten Farbe patscht, darf die Perle auffädeln und eine neue Farbe benennen.

Auf diese Weise geht's immer weiter, bis alle Perlen aufgefädelt wurden.

### VARIANTE AB 4 JAHREN

Die Kinder lernen zunächst so wie links beschrieben die Perlenfarben kennen. Danach fädelt die Spielleitung eine beliebige Perle auf. Wer weiß, welche Farbe die Perle hat? Dasjenige Kind, das am schnellsten die richtige Antwort weiß, erhält die Perlenschnur mit der aufgefädelten Perle und darf die nächste Perle entweder alleine oder mithilfe der Spielleitung auffädeln. Das Spiel wird so lange fortgesetzt, bis alle Perlen aufgefädelt wurden.

# Kindergartentasche packen

**Bei den folgenden zwei Spielen lernen die Kinder Lebensmittel kennen, die sie auch in der Einrichtung, z.B. in der Frühstückspause, häufig verzehren.**

**Alter:** ab 5 Jahren
**Material:** pro Kind 4 naturgetreu nachgebildete Lebensmittel, z.B. aus Holz oder Plastik; 1 leerer Korb; pro Kind 1 Kindergartentasche; evtl. 1 Rucksack

## Spielablauf

Die Kinder leeren ihre Kindergartentaschen aus und setzen sich um einen Tisch herum. Die Spielleitung füllt ihren Korb mit den Spiel-Lebensmitteln und setzt sich zu den Kindern an den Tisch.

Sie übergibt einem Kind z.B. einen Apfel aus Plastik und sagt laut „Apfel!". Das Kind überreicht den Apfel seinem linken Nachbarskind und sagt dabei ebenfalls laut „Apfel!" Der Apfel wandert so von Hand zu Hand um den Tisch herum. Die Spielleitung legt den Apfel auf den Tisch und übergibt dem Kind, das links neben ihr sitzt, z.B. ein Croissant aus Holz.

Auf diese Weise erhalten die Kinder der Reihe nach auch die übrigen naturgetreu nachgebildeten Lebensmittel aus dem Korb, die sie laut benennen. Liegen alle Lebensmittel auf dem Tisch, packen sie ihre Kindergartentaschen, indem sie nacheinander jeweils ein Spiel-Lebensmittel auf dem Tisch benennen. Sobald ein Kind etwas richtig benannt hat, darf es das betreffende Lebensmittel in seine Kindergartentasche packen.

Am Ende legen die Kinder alle Sachen aus ihrer Kindergartentasche wieder auf den Tisch und sind gespannt, wer von ihnen die größte Anzahl an naturgetreu nachgebildeten Lebensmitteln einpacken konnte.

### VARIANTE AB 3 JAHREN

Das Spiel verläuft zunächst so wie eben beschrieben. Liegen alle Spiel-Lebensmittel auf dem Tisch, packen sie gemeinsam einen Rucksack. Die Spielleitung deutet nun auf ein beliebiges Spiel-Lebensmittel. Sobald ein Kind weiß, wie das Lebensmittel heißt, darf es dieses in den Rucksack packen. Danach deutet das Kind auf ein weiteres Lebensmittel auf dem Tisch und setzt so das Spiel fort. Das Spiel ist aus, sobald sich alle Spiel-Lebensmittel im Rucksack befinden.

# Äpfel im Angebot

**Die Kinder sollten rasch wissen, wie die Dinge heißen, mit denen sie tagtäglich zu tun haben. Es empfiehlt sich, den Kindern nicht nur Sachen zur Verfügung zu stellen, sondern diese auch so oft wie möglich im Alltag zu benennen.**

**Alter:** ab 3 Jahren
**Material:** 1 Werbeprospekt mit Lebensmitteln

## Spielablauf

Die Spielleitung legt ein Werbeprospekt auf den Tisch, auf dem ein paar Obst- und Gemüsesorten abgebildet sind.

Sie deutet der Reihe nach auf die abgebildeten Lebensmittel, die sie, falls die Kinder hierfür keine Worte haben, benennt. Die Kinder sprechen sofort alles nach. Wissen alle Kinder, wie die Lebensmittel heißen, deutet die Spielleitung auf irgendein abgebildetes Lebensmittel. Wer als Erster weiß, wie das Lebensmittel heißt, darf auf ein anderes abgebildetes Lebensmittel deuten und so das Spiel fortsetzen. Nach ein paar Durchgängen ist das Spiel beendet.

### VARIANTE AB 5 JAHREN

Das Spiel verläuft zunächst so wie links beschrieben. Kennen alle Kinder die abgebildeten Lebensmittel, schließen sie ihre Augen. Die Spielleitung deckt mit der Hand ein abgebildetes Lebensmittel zu. Wer kann sich noch an das betreffende Lebensmittel erinnern? Die Kinder teilen der Reihe nach ihre Vermutung mit, bevor die Spielleitung das Rätsel auflöst. Nach ein paar Durchgängen ist das Spiel aus.

# Frühstückstisch decken

**Alter:** ab 3 Jahren
**Material:** pro Kind und für die Spielleitung jeweils 1 Frühstücks-Set (1 Dessertteller, 1 Trinktasse, 1 kleine Schale, 1 Löffel und 1 Gabel) und 1 Serviette

## Spielablauf

Die Kinder sitzen in der Küche um einen Tisch herum. Die Spielleitung holt z.B. einen Löffel, den sie laut benennt. Die Kinder erhalten nun jeweils einen Löffel und wiederholen gemeinsam die Worte. Auf diese Weise lernen sie auch die übrigen Geschirrteile zu benennen.

Steht für jedes Kind ein 5-teiliges Frühstücks-Set auf dem Tisch, möchte die Spielleitung von einem Kind wissen, wo sich z.B. der Teller befindet. Kann das Kind rasch auf den Teller zeigen, bekommt es eine Serviette von der Spielleitung.

Danach fragt sie ein anderes Kind z.B. nach einer Gabel, auf die es nun deuten darf.

Auf diese Weise geht das Spiel immer weiter, bis alle Kinder jeweils ein 5-teiliges Frühstücks-Set mit einer Serviette vor sich stehen haben.

### VARIANTE AB 5 JAHREN

Die Spielleitung zeigt den Kindern die einzelnen Geschirrteile, die sie auch benennt. Die Kinder wiederholen die Worte. Danach bittet die Spielleitung jedes Kind, sich z.B. eine Tasse zu holen. Sitzen alle Kinder vor jeweils einer Tasse, bittet sie die Kinder, sich z.B. jeweils einen Löffel zu holen. Das Spiel wird so lange fortgesetzt, bis jedes Kind ein 5-teiliges Frühstücks-Set hat. Danach teilt die Spielleitung die Servietten aus.

# Kleiderbörse

Die Kinder lernen mithilfe der folgenden zwei Spiele ihre Kleidungsstücke bewusst wahrzunehmen und zu benennen.

**Alter:** ab 3 Jahren

## Spielablauf

Die Gruppe sitzt im Stuhlkreis beisammen. Die Spielleitung steht auf und deutet der Reihe nach auf verschiedene Kleidungsstücke, die sie gerade trägt. Sie benennt passend dazu die einzelnen Kleidungsstücke. Die Kinder wiederholen das Gesagte. Während sie sich nun wieder in den Stuhlkreis setzt, steht ein anderes Kind auf, das möchte, und deutet z. B. auf seinen Pullover. Wer als Erster das Kleidungsstück benennt, tauscht mit dem Kind den Platz und setzt das Spiel fort, indem es z. B. auf seine Schuhe deutet. Auf diese Weise wird das Spiel so lange fortgesetzt, bis sich nach Möglichkeit alle Kinder vor die Gruppe hinstellen und auf eines ihrer Kleidungsstücke deuten konnten.

# Mein linker Schuh

**Alter:** ab 3 Jahren

## Spielablauf

Ein Kind, das mit den anderen im Stuhlkreis beisammen sitzt, zieht seinen linken Schuh aus und schließt seine Augen. Die Spielleitung übergibt diesen Schuh einem anderen Kind, das ebenfalls seinen linken Schuh ausziehen und schließlich den Schuh des ersten Kindes anziehen darf. Die Spielleitung legt den linken Schuh des zweiten Kindes in die Kreismitte.

Das Kind öffnet auf Anweisung der Spielleitung die Augen und schaut sich im Kreis um. Entdeckt es seinen Schuh, geht es auf das betreffende Kind zu und sagt laut: „Das ist mein Schuh!" Sobald das erste Kind seine beiden Schuhe wieder angezogen hat und auf seinem Platz sitzt, ist das zweite Kind an der Reihe, das nun seine Augen schließen und sich auf die Suche nach seinem linken Schuh machen darf, sobald sich ein anderes Kind seinen linken Schuh angezogen hat. Auf diese Weise geht das Spiel immer weiter, bis alle Kinder ihren linken Schuh einmal ausfindig machen konnten.

## Mini-Bildwörterbuch

Im Anhang ab Seite 80 finden Sie ein Mini-Bildwörterbuch für die nonverbale Kommunikation mit den Kindern und Eltern. Auf Seite 83 finden Sie Bilder zu den wichtigsten Begriffen, die Sie zur Durchführung der Spiele aus diesem Kapitel benötigen.

Teller  Tasse  Müslischale

dergartentasche  Apfel  Birne  Käsebrot

Jacke

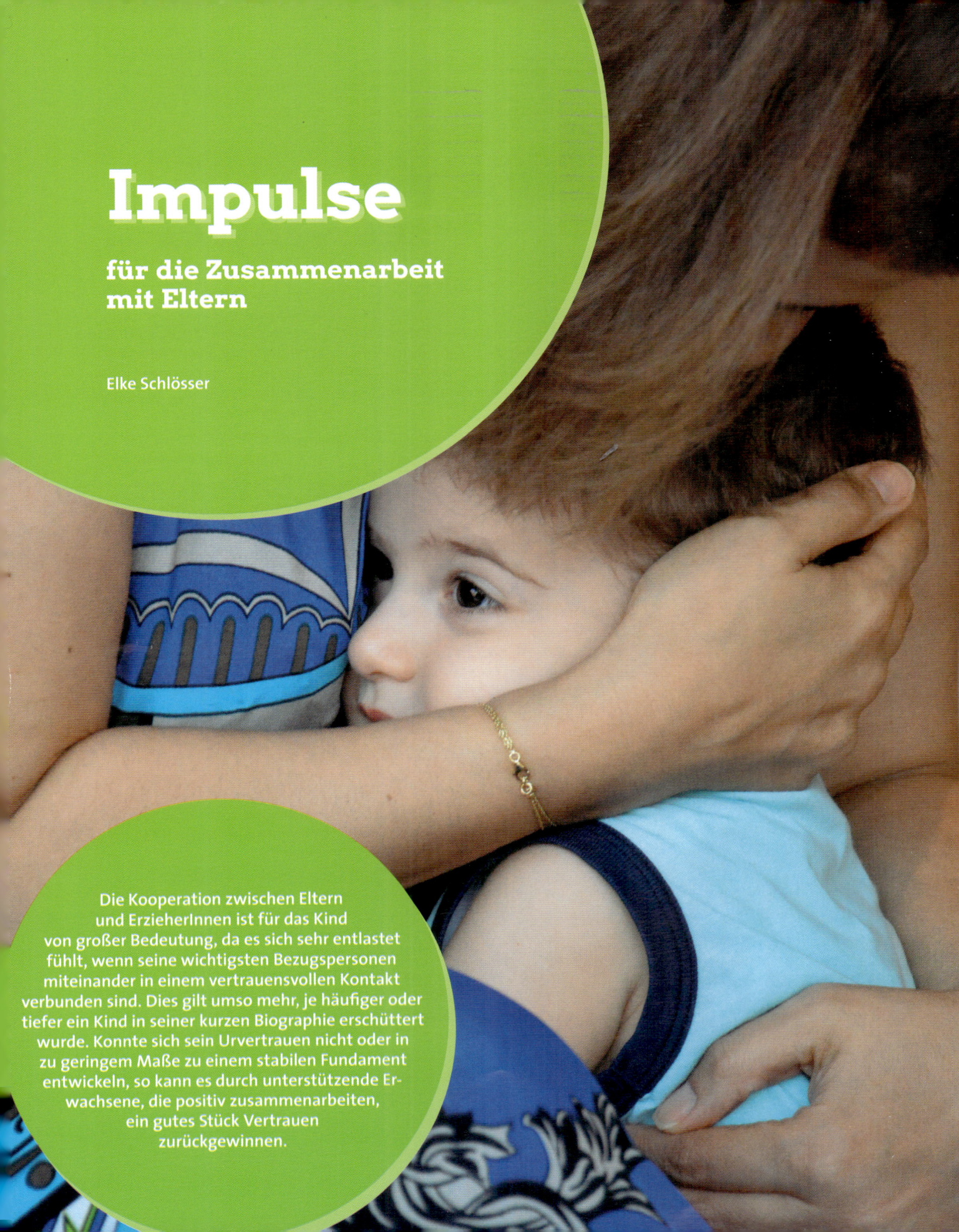

# Impulse

## für die Zusammenarbeit mit Eltern

Elke Schlösser

Die Kooperation zwischen Eltern und ErzieherInnen ist für das Kind von großer Bedeutung, da es sich sehr entlastet fühlt, wenn seine wichtigsten Bezugspersonen miteinander in einem vertrauensvollen Kontakt verbunden sind. Dies gilt umso mehr, je häufiger oder tiefer ein Kind in seiner kurzen Biographie erschüttert wurde. Konnte sich sein Urvertrauen nicht oder in zu geringem Maße zu einem stabilen Fundament entwickeln, so kann es durch unterstützende Erwachsene, die positiv zusammenarbeiten, ein gutes Stück Vertrauen zurückgewinnen.

# Flüchtende haben es schwer ...

... flüchtende Eltern umso mehr! Unbewusst ahnen sie oder bewusst wissen Eltern, was sie dem Kind vor, während und teilweise nach der Flucht zugemutet haben, wie sie vermutlich das Kind durch ihre Entscheidung zur Flucht belastet haben. Sie taten dies, weil die Hoffnung auf eine angstfreie, gefahrlose und bessere Zukunft größer war als das Bewusstsein über die Zumutung für ihre Kinder.

## Wie können wir dazu beitragen, die Eltern wieder zu entlasten?

Die betroffenen Kinder erlebten ihre Eltern als Flüchtende, Leidende, Gedemütigte, Verängstigte, aber auch als mutig, zuversichtlich, zielstrebig und durchsetzungsfähig. Sie erlebten diese Facetten ihrer Eltern vermutlich jeweils extrem. Vor der Flucht und auf der Flucht. Sie erlebten sie ganz anders als Kinder hier in der Regel ihre Eltern erleben, in Friedenszeiten.

Die Frage ist nun: Wie werden sie für ihre Kinder wieder zu Eltern, die ausgeglichen, Sicherheit und Struktur gebend und zuversichtlich-stabilisierend wirken? Unabhängig und fernab von Menschenmassen, Schleppern, Massenunterkünften und auch unabhängig von Helfern?

Dies gelingt sicher umso eher, je stärker sie in ihrer Mutter- und Vaterrolle mit dem Kind Erlebnisse haben, die zu einer unbeschwerten Kindheit gehören. Im Schonraum der Kindertageseinrichtung können durch spielerische Gemeinschaft zwischen Mutter und Kind bzw. Vater und Kind emotionale Inselerlebnisse geschaffen werden, die die Familie an eine Normalität im Verhältnis heranführen.

ErzieherInnen können hierzu durch viele kleine und größere Aktionen wunderbar beitragen. Sie sollten dabei als verlässliche Personen wahrgenommen werden, die Ruhe und Standfestigkeit ausstrahlen. Sie können Ermutigung und Bestätigung aussprechen und durch alltägliche Strukturen und Rituale Halt geben. Das ist sehr wichtig und kann nicht hoch genug eingeschätzt werden!

Ihre potentiellen Aktivitäten können sich in drei Stufen gliedern, die sich nach den Bedürfnissen der Eltern aufteilen in:

1. Schritt: In der Kita entlastet werden
2. Schritt: Die Kita verstehen lernen
3. Schritt: In der Kita aktiv mitarbeiten

> ErzieherInnen sollten als verlässliche Personen wahrgenommen werden, die Ruhe und Standfestigkeit ausstrahlen.

Die nachfolgenden, jeweils den drei eben angesprochenen Schritten zugeordneten Praxistipps bzw. Aktionen sind Vorschläge, die keinen Anspruch auf Vollständigkeit erheben. Die Auswahl obliegt selbstverständlich der Fachlichkeit der Kita-Leitungen und der Kita-Teams, die vor Ort die Angemessenheit sorgsam abwägen werden.

# In der Kita entlastet werden

Nach anstrengenden und aufregenden Zeiten ist es sicherlich in der ersten Phase der Inanspruchnahme einer Kita sinnvoll, Ruhe ohne Druck erleben und Kontakt mit Wohlbefinden spüren zu können. Daher braucht es zunächst Angebote, die die sogenannte Katharsis – das freie Aussprechen oder Ausagieren, um sich zu entlasten – in wohlwollender Atmosphäre möglich machen und so zur Entlastung der Kinder und Eltern beitragen.

Jeder Wechsel in ein völlig anderes Land mit seiner abweichenden Kultur, Sprache, Religion, fremden Funktionsweise in Organisation, Rechtsverständnis und gesellschaftlicher Form erfordert Veränderungen. Selbst dann, wenn im neuen Land Integration statt Assimilation die markante Grundhaltung ist. Ein sensibles Pendeln zwischen Ruheerfahrung, Rückzugsmöglichkeiten und einfacher (evtl. auch ablenkender) Aktivität ist demnach zunächst erstrebenswert.

Und im Beisein von Kindern können die Eltern noch am ehesten die Bedeutung des Augenblicks erleben, weil diese ihre Eltern sehr gut mitnehmen können in situativ-angenehme Momenterlebnisse!

*Ruhe ohne Druck und Kontakt mit Wohlbefinden geben Entlastung und öffnen für die Integration.*

## Praxisanregungen

### Einladender Rundgang durch die Kita

Eine quirlige Kindertageseinrichtung kommt den Bedürfnissen nach Ruhe und Rückzug nur bedingt entgegen: Hier pulsiert das Leben. Jedoch gerade diese Lebendigkeit kann heilend wirken, wenn sie im eigenen Maße erlebt werden kann!

Schauen lassen, wahrnehmen lassen, mit freundlichen Gesten alle Türen zu allen Räumen öffnen (*„Sie können sich gerne hier umsehen!"*), begleitende Benennung des zu Sehenden im Deutschen (*„Das ist unser Turnraum."*) und einfachste Erklärungen (*„Hier essen alle Kinder gemeinsam."*) eröffnen erste Eindrücke, lassen verstehen und geben erste Wörter.

Ergibt sich ein ausgesprochener Rundgang durch den Kindergarten oder wird dieser von den Eltern eigeninitiativ gewünscht, so empfiehlt es sich, Raum für das Erzählen der Eltern zu lassen: *„DAS kenne ich!"* – *„DAS ist mir fremd!"* – *„DAS hätte ich gerne erläutert!"* Ein solcher Rundgang kann gut zu dritt oder zu viert durchgeführt werden, begleitet von einer dolmetschenden Person. Gibt die Kita-Leitung Informationen nicht durchgängig vor, fühlen sich die Eltern als Fragende, Interessierte und Verantwortliche für ihre Kinder voraussichtlich in höherem Maße selbstwirksam – ein gutes Gefühl des Erstarkens. Bei jetzt schon erkennbarem Interesse kann es sinnvoll sein, hin und wieder zu erklären: *„Deshalb gibt es das hier!"*

Selbstverständlich kann die Frage, ob die Eltern aus ihrer Herkunftskultur einen Kindergarten oder eine Kita-ähnliche Einrichtung kennen, gestellt werden.

## Einfühlsame Einzelfragen statt ausführlicher Anamnese

*„Ich bin nicht sicher, ob die Mutter mir Auskünfte geben will. Ich wollte sie nicht nach Dingen fragen ..."* formulierte eine verunsicherte Erzieherin, schwankend zwischen dem Bedürfnis, die Mutter zu schonen und dem Wunsch, das Kind besser kennenzulernen und damit unterstützen zu können.

Viele unserer standardisierten Bögen für das pädagogische Erstgespräch sind mittlerweile konzeptionell verankert und werden verlässlich bei allen Eltern eingesetzt. Aber für Flüchtlingseltern? Da kann ein solcher Bogen tatsächlich viel zu umfangreich sein und in seiner Tiefe überraschend bis irritierend wirken. Gut ist, hier mit einer einzigen Frage zu starten: „Was sollte ich von Ihrem Kind wissen, um es hier gut und richtig versorgen zu können?" Weitere Fragen aus dem Anamnesebogen können dann beiläufig und in zwangloser Form (z. B. bei Tür-und-Angel-Gesprächen) gestellt werden. Die Anamnese wird so heruntergebrochen in kleine, verkraftbare Portionen. Eltern selbstbestimmt antworten zu lassen, ist dann auf jeden Fall besser als jede ausführliche, evtl. als übergriffig empfundene Anamnese.

> Situative Einzelnachfragen bauen sich zu einer Anamnese über Kind und Familie auf.

## Offene Selbstdarstellung über Ich-Botschaften

Uns äußerst wichtig erscheinende Fragen können wir jedoch immer stellen. Am besten ist es, dabei die kommunikative Form der Ich-Botschaft zu verwenden:

- *„Ich bin gerade unsicher, ob ich Sie das wohl fragen darf, was ich gerne wissen möchte."* (eigene Empfindung äußern)
- *„Ihre Antwort würde mir helfen, Ihr Kind besser zu verstehen und zu betreuen."* (Ziel benennen)
- *„Auf keinen Fall soll Sie meine Frage verletzen oder irritieren."* (Befürchtung äußern)
- *„Es geht mir um das Essverhalten Ihres Kindes."* (Thema klar und eindeutig benennen)
- *„Darf ich Ihnen dazu eine Frage stellen?"* (respektvolles Nachfragen)

- Wichtig ist dabei, dolmetschende Personen so zu sensibilisieren, dass sie diese Behutsamkeit in der Übersetzung aufgreifen und nichts hinzufügen oder weglassen.

## „Das sind WIR!"-Büchlein „Erzieher"

„Das sind WIR!"-Büchlein, in denen die ErzieherInnen sich persönlich vorstellen, mit Foto, Namen und mit von ihnen frei gewählten Informationen aus dem beruflichen und privaten Umfeld, sind sicherlich ebenso Türöffner. Eine kurze Erklärung von Berufsmotivation und Selbstverständnis der pädagogischen Arbeit und persönlich formulierte Wünsche für die Flüchtlingsfamilien in Deutschland (jeweils ein Satz) und zum mit nach Hause nehmen gedacht, machen die Willkommenskultur sichtbar (ggf. übersetzt durch ehrenamtliche Dolmetscher).

*Selbstpräsentation bahnt den Weg zum Kennenlernen, auf dem ErzieherInnen Flüchtlingseltern entgegengehen.*

## Fotos aus dem Kita-Alltag

Fotos einzusetzen hat den Vorteil, dass sie auch nonverbal Informationen vermitteln, solange die Sprachkenntnisse noch nicht ausreichen. Fotos von aktuellen Spielsituationen der Kinder im Alltag und von typischen Situationen im Tagesablauf der Kita können gezeigt und mit sprachlich einfachen Worten erläutert werden. Sie sind über Fotoapparate und Handys schnell hergestellt, zügig auf einen Laptop zu ziehen, darauf oder über Beamer zu zeigen. Sie können auch auf Fotopapier ausgedruckt und ggf. mit nach Hause gegeben werden. Sie machen Eltern transparent, womit sich das Kind in der Kita beschäftigt, zeigen seine Emotionen über Mimik, Gestik und Körpersprache und geben Anreiz zu Fragen wie: Was sehe ich? Was weiß ich dazu? Was möchte ich dazu wissen?

Fotos, die mit in die Unterkunft genommen werden können, erleichtern Eltern die zeitweise Trennung vom Kind und beteiligen sie am Alltag des Kindes.

## Das Mitteilungsheft erproben

Insbesondere im Krippenbereich wird gerne mit Mitteilungsheften bearbeitet, die PädagogInnen und Eltern sich hin und her geben.

Solche Hefte in einfachster Form könnten von ErzieherInnen für Flüchtlingseltern mit Informationen (3 – 5 Sätzen) darüber gefüllt werden, wie sich das Kind Tag für Tag beschäftigt und damit entwickelt. Diese Sätze können übersetzt werden von PädagogInnen, die der Familiensprache oder einer Verbindungssprache (Englisch, Französisch etc.) mächtig sind, ehrenamtlich Helfenden oder anderen Flüchtlingen in der Unterkunft. So ist Beteiligung am Kita-Alltag und am kindlichen Bildungsprozess transparent möglich. Rückantworten sollten nicht erwartet werden. Sie sollten jedoch möglich sein, wenn ein entsprechendes Interesse gezeigt wird.

# Kinderzeichnungen interpretieren: Ja oder Nein?

Im interpretierenden Umgang mit Kinderzeichnungen ist äußerste Vorsicht geboten.

Kinderzeichnungen sind ggf. nur äußerst vorsichtig den Eltern zum Anschauen zu geben. Dies kann ratsam sein, je nach vom Kind gewähltem Motiv, vor allem, wenn es belastende Erlebnisse darstellt. Dies sollte nie spontan und ohne kollegiale Beratung geschehen, ggf. auch nur mit Begleitung durch eine (Trauma-)Beratungsstelle. Die Bilder sind entsprechend äußerst vorsichtig zu interpretieren.

Sollte eine stabile Beziehung zu den Eltern es ermöglichen, Gemaltes der Kinder zu zeigen, sollte man fragen, ob dazu ein Gespräch erwünscht ist, unterstützt durch die Formulierung: *„Wir besprechen Gemaltes manchmal auch mit anderen Eltern, gerne auch mit Ihnen, wenn Sie das möchten."*

Dann interpretieren wir nicht selbst, sondern lassen Eltern ihre Eindrücke schildern und fragen unter Umständen nach Beratungsbedarf. Die Kunst wird darin liegen, zwischen ignorieren und interpretieren zu unterscheiden. Beides kann einerseits problematisch sein und andererseits Chancen beinhalten, die immer kollegial beraten werden sollten.

# Einfache Spielkontakte

Emotionale, warme und an der Normalität orientierte Eltern-Kind-Situationen sind gut durch einfache Spielkontakte herzustellen. Lieder, Reime, Finger-, Schoß- sowie Kreis- und Bewegungsspiele gibt es in jeder Kultur. Eltern in der Kita mit ihren Kindern sowohl deutschsprachige, als auch muttersprachliche Spiele dieser Art aus der eigenen Kultur spielen zu lassen, führt sie an Erlebnisse heran, die evtl. lange keinen Platz mehr in der familiären Situation hatten. Hierzu ist es ratsam, Eltern und Kindern dies zunächst in kleinen sprachhomogenen Gruppen von 3 – 4 Erwachsenen und einer PädagogIn zu ermöglichen. Kinder und Eltern werden von solchen Situationen für Körper, Geist und Seele profitieren, falls sie sich eventuell erstmals nach Flucht und/oder Traumatisierung wieder in natürlichen Spielsituationen erleben können.

# „Das sind WIR!"-Büchlein für „Eltern"

Sich mit eigener Identität zeigen zu können, wirkt für Flüchtlingseltern entlastend.

Es kann für Eltern auch entlastend sein, sich mit Identität zu zeigen. „Das sind WIR!"-Büchlein, mit denen sich die ErzieherInnen persönlich vorstellten (s. S. 71), können als Vorlage für vergleichbare Darstellungen seitens der Eltern genutzt werden. Einzeln oder in Kleingruppen können auch Eltern sagen: „Das sind WIR!" Ideal für die Erarbeitung eines solchen Buchkonzeptes wäre eine Dreiergruppe aus Eltern mit und ohne Migrationshintergrund sowie Eltern mit akuter Fluchterfahrung. Gesprächsimpulse zur Gestaltung solcher Heftchen können sein:

- Was mögen Sie an Ihrem Herkunftsland? Was vermissen Sie?
- Was wissen Sie von Deutschland und was möchten Sie von diesem Land noch gerne wissen?

- Was erhoffen Sie sich hier für Ihr Kind und Ihre Familie?
- Was verbindet uns? Was unterscheidet uns?
- Was möchten Sie vom deutschen Kindergarten wissen?

Wenn eine einzige kleine Elterngruppe so etwas exemplarisch entwickelt und zeigt, hat es oft Ermutigungscharakter, wonach sich andere Eltern in ähnlicher Form ebenfalls gerne zeigen möchten.

## Entlastende Rückzugsorte

Gerade wenn Familien noch keine Wohnungen zugewiesen bekommen haben und in größeren Unterkünften leben, braucht es alternative Räume, um nicht zu sehr unter der mangelnden Privatsphäre zu leiden. Bald nach der Ankunft verläuft der Alltag in Flüchtlingsunterkünften immer gleich und hat wenig Entlastendes.

Ruhige Räume in Kindertageseinrichtungen zum Rückzug zeitweise zu überlassen, kann nun wertvoll sein. Jede Kita kann überprüfen: Gibt es bei uns solche Räume, die zeitweise solche Rückzugsräume sein könnten?

Familiäre Patenschaften für die Freizeitgestaltungen beinhalten außerdem eine Chance für wohltuende Alternativen zur lauten Unterkunft. Aktivitäten, die nichts kosten, die eine einheimische Familie sowieso umgesetzt hätte, können wohltuende Erlebnisse im belastenden Alltag darstellen.

Zeigen wir den Familien die Natur: einen nahegelegenen Wald, Spielplätze, öffentliche Gärten, Parks, Auen, Bäche etc. Auch ohne viele Worte können so alternative Erlebnisse geschaffen werden. Und die friedliche Natur heilt vieles – eine gute Erfahrung, wenn die Natur unterwegs zum *Feind* wurde.

# Die Kita verstehen

Transparenz herzustellen ist stets ein Ziel im Rahmen der Kooperation mit Eltern. In Kombination mit den Zielen der Integration heißt dies, die kurz-, mittel- und langfristigen Ziele der Kita verständlich zu machen. Gerade Eltern mit Migrationshintergrund haben oft ein hohes Bildungsinteresse für ihre Kinder. Sie sollen erfolgreich sein und es im neuen Land gut haben mit Blick auf die Zukunft. Unsere Bildungsziele zumindest ansatzweise deutlich zu machen, arbeitet diesen Interessen zu. Sobald Eingewöhnung und Entlastung bei Kindern und Eltern greifen, sind aufklärende Angebote wichtig, auch dann, wenn die Verweildauer der Kinder in der Einrichtung noch nicht geklärt ist.

Unsere landesspezifischen Bildungsvereinbarungen und Orientierungspläne sind umfassend und sprachlich anspruchsvoll. Sie brauchen alltagsnahe Erläuterungen. Durch sorgsame Aktionen können wir erreichen, dass sich das Bild unserer Bildungsabsichten zu einem Verständnis der ganzheitlichen Pädagogik zusammensetzt.

## Praxisanregungen

### Zugang zu Elternbriefen

Brieftexte transportieren wichtige Informationen, dolmetschende Kontakte sichern das Verstehen.

Kindertageseinrichtungen geben allerhand Schriftstücke an Eltern heraus. Diese Schriftstücke erhalten selbstverständlich auch Flüchtlingseltern – ein Gebot der Fairness. Es lässt sich eine sehr positive, entgegenkommende Vorgehensweise für alle Eltern mit Migrationshintergrund organisieren, die Deutsch nicht oder nicht ausreichend lesen können:

Man besorgt einen Stehtisch, der nett dekoriert wird. Immer dann, wenn in die Postfächer der Eltern Schriftliches hineingegeben wurde, wird der Stehtisch in den Eingangsbereich geschoben. Nun stehen zu Bring- und Abholzeiten ErzieherInnen, Eltern und/oder andere ehrenamtliche Helfer mit unterschiedlichen Sprachkompetenzen an diesem Tisch, die die Schriftstücke übersetzen: Absatz für Absatz, auch unter Nennung der jeweils deutschsprachigen Formulierung.

Eventuell muss man, um genügend Dolmetscher in den erforderlichen Sprachen zu finden, Vernetzungsarbeit leisten. Eltern verschiedener Kitas, Menschen, die man über eine Annonce in der Zeitung findet, muttersprachliche LehrerInnen, Mitglieder des Integrationsbeirates etc. können in Dolmetscherpools in diese Aufgabe eingebunden werden.

Parallel dazu kann man an diesem Stehtisch Kaffee oder Tee anbieten, was der Willkommensatmosphäre einen guten Dienst tut.

Ein wichtiges Signal für alle: Steht kein Tisch im Eingang, so gibt es auch nichts Neues zu lesen!

# Begegnung im Frühstückscafé

Thematische Frühstückscafés (monatlich zu einem rituell wiederkehrenden Termin angeboten), haben sich als Begegnungsform, pädagogische Austauschgelegenheit und verlässliche Kooperationsform seit Jahren bewährt. Man widmet sich etwa eine Stunde einem Thema und frühstückt anschließend eine Stunde gemeinsam. Viele Mütter und Väter empfinden diese Vormittage als schöne, gewinnbringende Zeit, in angenehmen Räumen, in guter Atmosphäre, mit interessanten (vorgegebenen oder selbst gewählten) Themen.

Hier Flüchtlingsfamilien einzubinden, ist eine einfache, niederschwellige Form seitens des pädagogischen Personals und der anderen Eltern, Kontakt mit den neuen Familien aufzunehmen. Die Eltern können zunächst mitgenommen werden in die bereits vorgeplanten oder sich spontan ergebenden Themen. Nach einer gewissen Gewöhnung an diese Kontaktform – die ihnen am besten von sich einladend zeigenden Eltern nahegebracht wird – können Gesprächsimpulse auch ihre Situation thematisieren, wenn dies gewünscht ist. Unter Umständen tut es gut, Interesse und Anteilnahme zu spüren, wenn Fragen wie:

- Was vermisst mein Kind?
- Worüber freut sich mein Kind gerade jetzt in diesen Tagen?
- Was erhoffe ich für mein Kind?

thematisiert werden. Auch wenn diese Fragen auf die Eltern zugeschnitten gefragt werden könnten, ist es vermutlich zunächst leichter, sich diesen Fragen über die Perspektive auf das Kind zu nähern. Auch Gesprächsrunden zu den Fragen:

- Wie geht es meinem Kind heute?
- Wie wünsche ich mir, dass es meinem Kind in 5, in 10 Jahren geht?

könnten für Flüchtlingseltern wichtig sein, sind aber mit Sicherheit für alle Eltern junger Kinder interessant! Die Wahrnehmung: „Viele Fragen teilen alle Eltern dieser Welt!" kann wohltuend und solidarisierend wirken, bei aller Unterschiedlichkeit der situativen Perspektive.

> Viele pädagogische Fragen teilen alle Eltern dieser Welt. Frühstückscafés bieten Austausch darüber.

# Unabdingbar: Kinderrechte thematisieren

Die Thematik „Kinderrechte, Partizipation und Demokratieerziehung" gehört dringend mit allen Eltern angesprochen! Es kann nicht genug Gelegenheit geschaffen werden (ggf. in Einzelgesprächen, bei Frühstückscafés (s.o.), in thematischen Elternabenden), Eltern die internationalen Kinderrechtskonventionen nahezubringen und damit die in Deutschland geltenden Werte in Bezug auf Achtung, Respekt, Bildung, körperliche, geistige und seelische Unversehrtheit und Religionsfreiheit auch für Kinder zu betonen. Integration hat Ziele weit über die geteilte Sprachkompetenz hinaus. Sie hat vor allem ein Tei-

len der grundlegenden Werte zum Ziel! Hauptwerte sind Demokratie, Freiheit und Toleranz. Es sind Werte, die immer gelten, nicht ab einem bestimmten Alter oder in Bezug auf bestimmte Personen. Und unabdingbar sollten alle Eltern die Schutzbestimmung für Kinder in Deutschland kennen, z. B. § 8a Kinder- und Jugendschutzgesetz (Schutzauftrag bei Kinderwohlgefährdung). Die in den Kinderrechtskonventionen festgelegten Werte sollten – kindgerecht – auch alle Kinder kennen, spätestens, bevor sie in die nächste Bildungseinrichtung „Schule" wechseln.

> Äußerst wichtiges Ziel: Alle Eltern kennen die verbürgten Kinderrechte und bejahen sie!

Idealerweise bleiben wir dann gemeinsam mit den Eltern nicht dabei stehen, die Kinderrechte bekanntzumachen, sondern erreichen, dass sie bewusst bejaht werden (Schlösser, 2015).

## Niederschwelliger Spracherwerb

Deutsch lernen und Arbeiten dürfen gelten als tragende Faktoren des Hier-Ankommens und der Integration. Beide Faktoren tragen zu einem konstruktiven Lebensgefühl und dem Eindruck bei, bedeutsam und nützlich zu sein, das Schicksal in Zukunft selbst wieder in die Hand nehmen zu können. Die Kita kann hier mit besonders niederschwelligen Angeboten bereits erste hoffnungsvolle Impulse geben.

Eine Kindertageseinrichtung in Essen setze das Sprachkonzept „Wir verstehen uns gut – Spielerisch Deutsch lernen" (Schlösser, 2016) mit im Deutschen unkundigen Müttern, Vätern und Kindern gemeinsam ein. Im spielerischen, gemeinsamen Umgang aller Beteiligten auf der Basis der deutschen Sprache gewannen nicht nur die Kinder deutschen Wortschatz und Ausdrucksweise hinzu, sondern gleichzeitig mit ihnen die Eltern. „Eingesetzt als niederschwelliges Lernkonzept mit nicht alphabetisierten Eltern verzeichneten wir gute Erfolge. Oft entwickelten die Eltern nach diesem Angebot den Mut zur Teilnahme an erweiternden Fortbildungsangeboten zu Deutsch als Fremdsprache." (so ErzieherInnen aus Essen.)

# In der Kita aktiv mitarbeiten

Hat die Flüchtlingsfamilie in der Kita ihren sicheren Platz und ausreichende Orientierung erhalten, so entwickelt sich evtl. das Bedürfnis, aktiv in der Kita mitzuarbeiten und persönliche Ressourcen zu zeigen. Hierüber können sich Beziehungen zu den pädagogischen Fachkräften vertiefen und Kontakt der Familien untereinander erweitern. Erhalten elterliche Kompetenzen eine Plattform, so können sich Eltern als Könner wahrnehmen, also auch als Gebende. Sie verbleiben nicht ausschließlich in der Position der Nehmenden, was eine gute Erfahrung darstellt. Behutsam, aber nicht fordernd, kann Platz gegeben werden, sich aktiv zu zeigen.

*Aktive Mitarbeit lässt zu, dass Eltern sich als Könner, Gebende und Mitgestalter erleben*

## Praxisanregungen

### Literarischer Kulturaustausch

Eine gute Frage zu diesem Zeitpunkt wäre: Was gibt es an Aufbauendem, Lustigem, Besinnlichem und Interessantem aus unseren verschiedenen Kulturen, um es gemeinsam den Kindern zu erzählen oder vorzulesen?

Zweisprachige Erzählprojekte können nicht nur auf Bilderbüchern, sondern auch auf Gedichten, Fabeln und Märchen der unterschiedlichen Heimatländer basieren. In vielen Kulturen sind sie reichhaltig vorhanden, werden tradiert und rege mündlich weitererzählt. Es gilt, unterstützt von Dolmetschern, eine Übertragung des mündlich Erzählten durch die Eltern ins Deutsche herzustellen und dann in doppelsprachigen Projekten allen Kindern zu erzählen. Wiederum ein gemeinsames Buch für die Kinder daraus zu machen, ist ein lohnenswertes Ziel.

### Religionen kennenlernen

Kompetenz haben Eltern auch in Bezug auf ihre Religion. Hierzu hat sich folgender Elternabend (entwickelt in meiner Tätigkeit bei der RAA Kreis Düren – Regionale Arbeitsstelle zur Förderung von Kindern und Jugendlichen aus Zuwandererfamilien) bewährt: „Allah ist ganz anders – mehr wissen über den Islam".

Unterstützt durch eine Lehrperson, die Islamwissenschaft studiert hat und in Deutsch unterrichtete, teilten wir Eltern pro Person je zwei grüne und blaue Moderationskarten aus. Auf zwei Flipcharts notierten wir die Beschriftungen: „Das weiß ich schon über den Islam!" (grün), „Das möchte ich über den Islam noch wissen!" (blau).

Das Wissen wurde – in einer stillen Phase – pro Person oder von Teilnehmerpaaren – auf die grünen, die Fragen auf die blauen Karten notiert. Anschließend baten wir darum, zunächst das Wissen von den grünen Karten vorzulesen. Die Wissenskarten wurden dann gut sichtbar auf das entsprechende Flipchart aufgeklebt. Die moderierende Person bestätigte dann, was an den Wissensäußerungen zum Islam korrekt war und was einer Richtigstellung bedurfte.

Nach einer Pause wurden die blauen Karten abgerufen und die interessierten Fragen zum Islam beantwortet. Es bestand jeweils eine angeregte Atmosphäre und eine Stimmung des interessierten Wohlwollens.

Migrantische Eltern erbaten sich daraufhin einen entsprechenden Abend zum Christentum. Auch zu anderen Religionen (Judentum, Hinduismus etc.) und Philosophien (Buddhismus, Humanismus) wäre ein solcher Abend mit ähnlicher Methodik denkbar.

*Eine ausführliche Anleitung zu diesem Elternabend ist erhältlich unter: tekajaschloesser@t-online.de*

## Herkunftsländer kennenlernen

Wir sollten uns als pädagogisch Betreuende über die Herkunftsländer der Flüchtlingsfamilien kundig machen, z. B. über das Internet. Wir können jedoch auch die Botschaften der Länder in Deutschland anschreiben und um Informationsmaterial bitten. Interessant sind dann die offiziellen Selbstdarstellungen der Länder in Relation zu den aktuellen Tagesmeldungen und den Berichten der Familien.

Die Berichte der Familien zu ihren Ländern sind die authentischsten Quellen. Die Familien sind geprägt von ihrer Kindheit und dem Schulleben, dem Familienleben und der Berufswelt ihrer Heimatländer. Sie haben dort mit Erwartungen und Hoffnungen, Enttäuschungen und Sorgen, Angst und Verbundenheit gelebt. Was können sie uns über ihre Heimatländer berichten? Was war ihnen dort wichtig? Was unerträglich? Was ist für sie heute ein bedeutsamer Heimatbegriff? (ggf. auch: Wie haben Sie vor fünf Jahren gelebt? Was hat sich seither geändert?) Eltern, die hierüber freiwillig und offen berichten wollen, sollten Eltern, die dies mit Interesse und Wertschätzung hören möchten, dazu in der Kita ein Forum bieten können.

*Authentische Informationen über Herkunftsländer ergeben sich im offenen Dialog mit Eltern.*

Erzieherin         Team         Vater

Kind         Mutter und Kind         Vater und Kind

## Mini-Bildwörterbuch

Im Anhang ab Seite 80 finden Sie ein Mini-Bildwörterbuch für die nonverbale Kommunikation mit den Kindern und Eltern. Auf Seite 85 finden Sie Bilder zum Thema „Zusammenarbeit mit den Eltern".

# Anhang

## Die Autorinnen

**Andrea Erkert** bietet seit über 20 Jahren praxisnahe Fortbildungen und Elternabende in Kindergärten und Schulen im In- und Ausland an, u. a. zu den Themen „Entspannung", „Sprachförderung" und „Gewaltprävention".

**Zudem ist sie Dozentin beim Kolping Bildungswerk (www.kolping-bildungswerk. de), u. a. im Rahmen einer Weiterbildung zur „Fachkraft für Flüchtlingspädagogik".**

Die Autorin ist Erzieherin, Entspannungspädagogin und Fachlehrerin einer Grundschulförderklasse. Sie hat bereits über 60 spielpädagogische Bücher veröffentlicht, die zum größten Teil in mehrere Sprache übersetzt wurden und bereits zum Standard in vielen Kitas gehören. Anfragen für ganz- oder halbtägige Seminarveranstaltungen und Elternabende: andrea.erkert_florida-sun@t-online.de

Tel.: (07191) 908357, Mobil: (0173) 3967162

**Antje Hemming** arbeitet in der Lehrer- und Erzieherausbildung und ist seit über 15 Jahren als Referentin für Bewegungserziehung mit Schwerpunkt „Psychomotorik" tätig. Die in Südafrika aufgewachsene Autorin der „Sternstunden Bücher" des Ökotopia Verlages leitet darüber hinaus seit über 12 Jahren integrative Waldspielgruppen für Kleinkinder mit dem Hauptaugenmerk „Bewegen und Denken" und bietet praxisbezogene Fortbildungen zum Thema „Waldpädagogik" und „Bewegungsförderung" an.

Antje Hemming für Fortbildungen und Kongresse buchen: antje.hemming99@gmx.de

**Elke Schlösser** ist Diplom-Sozialarbeiterin. Sie war u. a. bei einer Regionalen Arbeitsstelle zur Förderung von Kindern und Jugendlichen aus Zuwandererfamilien tätig. Die Aufgaben in ihrem Fachschwerpunkt „Interkulturelle Pädagogik im Elementarbereich" umfassten die Beratung von Zuwandererfamilien (Vermittlung von Kita-Plätzen, Organisation von Dolmetschern, Klärung migrationsspezifischer Fragen), Institutionsberatung für Kitas (Durchführung interkultureller Projekte gegen Rassismus, Förderung von Sprachentwicklung, Mehrsprachigkeit, Deutsch als Zweitsprache, interreligiöse Ansätze, interkulturelle Zusammenarbeit mit Eltern, interkulturelle Konzeptentwicklung), Fortbildung für ErzieherInnen, Beratung im Übergang Kita/ Grundschule. Frau Schlösser arbeitet zurzeit als freiberufliche Fach- und Bilderbuchautorin und Fortbildungsreferentin. Kontakt über: tekajaschloesser@t-online.de

**Monika Wieber** ist Sozialpädagogin, Erzieherin, Entspannungstherapeutin und Systemische Familientherapeutin in freier Praxis. Aus ihrer langjährigen Arbeit mit Kindern resultiert die Veröffentlichung von drei Bilderbüchern, die sich auf den Umgang mit Gefühlen beziehen. In diesem Kontext entstand ein weiterer beruflicher Schwerpunkt der Sprachförderung und sprachlicher Integration von Kindern. Sie leitet Seminare und bietet u. a. Weiterbildungen in ihren beruflichen Schwerpunkten „Stressmanagement" und „Burnout-Prophylaxe" sowie zum Thema „Integration von Flüchtlingskindern" an. Anfragen dazu bitte unter: monika.wieber@web.de

# Mini-Bildwörterbuch
## Willkommen im Morgenkreis!

| | | | |
|---|---|---|---|
| Kreis/Morgenkreis | klatschen | auf die Oberschenkel klatschen | Ball |
| 5 Finger | Luftballon | Puppe/Handpuppe | winken |
| umarmen | Kerze | Teelicht | Klangschale mit Schlägel |
| Teddy | Elefant | Trommel/Handtrommel | Faust | Tuch |

© 2016 M. Robitzky in: Ökotopia Verlag, Erkert/Hemming/Schlösser/Wieber: Willkommen in unserer Kita. Münster 2016

# Bewegungsspiele

**schnell laufen**

**ganz langsam gehen**

**auf Zehenspitzen gehen**

**rückwärts gehen**

**auf allen Vieren krabbeln**

**auf einem Bein stehen**

**hüpfen**

**liegen**

**zu zweit zusammenfinden**

**in einer Reihe aufstellen**

**Psst – leise!**

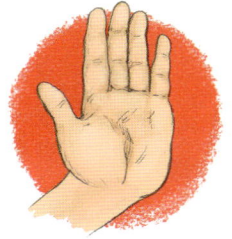

**Stopp! anhalten/
stehenbleiben**

© 2016 M. Robitzky in: Ökotopia Verlag, Erkert/Hemming/Schlösser/Wieber: Willkommen in unserer Kita. Münster 2016

# Spiele ohne Worte

**Bauklötze**

**Tisch und Stuhl**

**Sonne**

**Sanduhr/Uhr**

**Spielwürfel**

**Spielfigur**

**Bildkarten**

**Musik**

**Papier/Buntstifte**

**Affe**

**Muggelsteine**

© 2016 M. Robitzky in: Ökotopia Verlag, Erkert/Hemming/Schlösser/Wieber: Willkommen in unserer Kita. Münster 2016

# Sprachförderspiele

© 2016 M. Robitzky in: Ökotopia Verlag, Erkert/Hemming/Schlösser/Wieber: Willkommen in unserer Kita. Münster 2016

# Integrationsimpulse

**Eltern bringen ihre Kinder**

**Kind geht in seine Gruppe**

**Freies Spiel**

**Frühstück**

**Morgenkreis**

**ein Kind hat Geburtstag**

**Spielen im Außengelände**

**Aktionstage:
Mal-, Bastel-, Musik-,
Turn-, Lesetag**

**Bewegungsraum**

**Ausflüge/Spaziergänge**

**Mittagessen**

**Mittagsschlaf**

**Nachmittagsimbiss**

**Kindergartenbibliothek**

**Abschlusskreis**

**Kinder werden abgeholt**

© 2016 M. Robitzky in: Ökotopia Verlag, Erkert/Hemming/Schlösser/Wieber: Willkommen in unserer Kita. Münster 2016

# Impulse für die Zusammenarbeit mit Eltern

Kindergarten

Erzieherin

Team

Vater

Mutter

Kind

Mutter und Kind

Vater und Kind

Eltern

Familie

Gruppe

Gespräch

Brief

Postfach

Elternabend

Eltern-Kind-
Nachmittag

© 2016 M. Robitzky in: Ökotopia Verlag, Erkert/Hemming/Schlösser/Wieber: Willkommen in unserer Kita. Münster 2016

# Literaturhinweise

## Fachbücher

(zum Teil nur noch antiquarisch erhältlich)

**Auernheimer, G. (Hrsg.):** Migration als Herausforderung für pädagogische Institutionen. Leverkusen (Verlag Leske + Budrich) 2001.

**Blank, B./Eder, E.:** Zusammenarbeit mit Eltern in Kindertageseinrichtungen: Arbeitshilfen für die Praxis. Köln (Carl Link Kommunalverlag) 2000.

**Böhm, D./Böhm, R./Deiss-Niethammer, B.:** Handbuch Interkulturelles Lernen. Freiburg i. B. (Verlag Herder) 2004.

**Elfert, M./Rabkin, G. (Hrsg.):** Gemeinsam in der Sprache baden: Family Literacy. Stuttgart (Klett Verlag) 2007.

**Elschenbroich, D.:** Weltwissen der Siebenjährigen – Wie Kinder die Welt entdecken können. München (Verlag Antje Kunstmann) 2002.

**Huber-Rudolf, B.:** Muslimische Kinder im Kindergarten: Eine Praxishilfe für alltägliche Begegnung. München (Kösel Verlag) 2002.

**Jampert, K.:** Schlüsselsituation Sprache: Spracherwerb im Kindergarten unter besonderer Berücksichtigung des Spracherwerbs bei mehrsprachigen Kindern. Leverkusen (Verlag Leske + Budrich) 2002.

**Jampert, K./Berg, U.:** Mit den Augen der Kinder. Ergebnisse einer Kinderbefragung in Migrantenfamilien. Elternbroschüre. Deutsche Fassung. In: Projekt Kulturenvielfalt (Hrsg.) München (DJI) 2001.

**Jelloun, T. B.:** Papa, was ist der Islam? Berlin (Berlin Verlag) 2002.

**Laewen, H.-J./Andres, B./Hedervári-Heller, E.:** Ohne Eltern geht es nicht: Die Eingewöhnung von Kindern in Krippen und Tagespflegestellen. Berlin (Cornelsen Verlag) 2012.

**Landolt, M. A./Hensel, T. (Hrsg.):** Traumatherapie bei Kindern und Jugendlichen. Göttingen (Hogrefe Verlag) 2012.

**Leupold, E. M.:** Handbuch der Gesprächsführung: Problem- und Konfliktlösung im Kindergarten. Freiburg i. B. (Verlag Herder) 2006.

**Montanari, E.:** Mit zwei Sprachen groß werden: Mehrsprachige Erziehung in Familie, Kindergarten und Schule. München (Kösel Verlag) 2002.

**Oberhuemer, P./Soltendieck, M./ Dr. Ulich, M.:** Die Welt trifft sich im Kindergarten: Interkulturelle Arbeit und Sprachförderung in Kindertageseinrichtungen. Berlin (Cornelsen Verlag) 2005.

**Renner, E.:** Andere Völker – andere Erziehung: Eine pädagogische Weltreise. Wuppertal (Peter Hammer Verlag) 2001.

**Schlösser, E.:** Wir verstehen uns gut. Alltagsintegrierte Methoden zur Sprachförderung bei Kindern mit und ohne Migrationshintergrund. Münster (Ökotopia Verlag) 2016.
Zusammenarbeit mit Eltern – interkulturell: Informationen und Methoden zur Kooperation mit deutschen und zugewanderten Eltern in Kindergarten, Grundschule und Familienbildung. Münster (Ökotopia Verlag) 2004.
Händeschütteln und andere Stolpersteine – Erziehungspartnerschaften mit Zuwandererfamilien. In: Diskowski, D./ Pesch, L. (Hrsg.). Familien stützen – Kinder schützen. Was Kitas beitragen können. Kiliansroda (verlag das netz) 2008.
Sprachliche Entwicklung fördern von Anfang an! Münster (Ökotopia Verlag) 2010.
So gelingt Zusammenarbeit mit Eltern – U3. Münster (Ökotopia Verlag) 2014.

**Schopp, J.:** Eltern Stärken: Dialogische Elternseminare - ein Leitfaden für die Praxis. Leverkusen (Verlag Barbara Budrich) 2006.

**Stamer-Brandt, P.:** Projektarbeit in Kita und Kindergarten: planen, durchführen, dokumentieren. Leitfaden für Pädagogisches Handeln. Freiburg i. B. (Verlag Herder) 2010.

## Bilderbücher

**de Beer, H.:** Kleiner Eisbär – Lass mich nicht allein, Lars! Zürich (NordSüd Verlag) 2013.

**Brülhart, S.:** Leopold und der Fremde. Zürich (Atlantis Verlag) 2009.

**Bücken, H.:** Auch kleine Leute haben's schwer: Ängste und Fremdheit spielerisch überwinden. Offenbach (Burckhardthaus Laetare Verlag) 2014.

**Cave, K./Riddell, C.:** Irgendwie Anders. Hamburg (Oetinger Verlag) 1994. (Unesco Preis 1997)

**Fox, E./Krähenbühl, E./ Schrör, G.:** Mein erstes Herder Bilderlexikon von A-Z. Freiburg i. B. (Verlag Herder) 2002.

**Kobald, I./Blackwood, F.:** Zuhause kann überall sein. München (Knesebeck Verlag) 2015.

**Mey, P.:** Dann wird alles wieder gut: Heilungsschritte nach einem Trauma. Salzhausen (iskopress Verlag) 2015.

**Pfister, M.:** Der Regenbogenfisch stiftet Frieden. Zürich (NordSüd Verlag) 2011.
Regenbogenfisch, komm hilf mir. Zürich (NordSüd Verlag) 2011.

**Reichling, U./Wolters, D.:** Hallo, wie geht es Dir?: Mit Bildkarten spielerisch Gefühle ausdrücken. Mülheim (Verlag an der Ruhr) 2013.

**Schlösser, E.:** Sonja ist wichtig! Pulheim (SchauHoer-Verlag) 2014.

Wieber, M.: Domino und die Angst. Salzhausen (iskopress Verlag) 2010.
Warum bist du so wütend, Löwe? Salzhausen (iskopress Verlag) 2012.
Warum bist du so traurig, Wolf? Salzhausen (iskopress Verlag) 2013.

## Links

**Akademie für Leseförderung Niedersachsen**: kostenloser Download von Materialien und Angebote für die Sprach- und Leseförderung für Flüchtlingskinder: www.alf-hannover.de/materialien/fluecht-lingskinder

**Bayerisches Staatsministerium für Arbeit und Soziales, Familie und Integration (Hrsg.)**: Asylbewerberkinder und ihre Familien in Kindertageseinrichtungen: www.stmas.bayern.de/imperia/md/content/stmas/stmas_internet/kinderbetreuung/150312_asylhandreichung_kita.pdf

**Bundesministerium für Familie, Senioren, Frauen und Jugend**: Bundesoffensive Frühe Chancen – Schwerunkt-Kitas: Sprache & Integration: www.fruehe-chancen.de/themen/integration/links-und-downloads/ und www.fruehe-chancen.de/themen/integration/portraet-kita-berzeliusstrasse/

**Caritas/Erzbistum Köln**: Orientierungshilfe zur Betreuung von Flüchtlingskindern und ihren Familien in katholischen Kinder-tageseinrichtungen. Erzbistum Köln: www.katholische-kinder-gaerten.de/pdf/leitfaden.pdf

**Deutscher Bildungsserver, Flüchtlingskinder in Kitas**: www.bildungsserver.de/Fluechtlingskinder-in-Kitas-11436.html

**Deutsche Kinder und Jugendstiftung (Hrsg.)**: Ein Programm zur Entwicklung von Willkommens-KITAs in Sachsen: www.dkjs.de/themen/alle-programme/willkommenskitas/

**Deutsches Komitee für UNICEF (Hrsg.)**: In erster Linie Kinder – Flüchtlingskinder in Deutschland www.unicef.de/blob/56282/fa13c2eefcd41dfca5d89d44c72e72e3/fluechtlingskinder-in-deutschland-unicef-studie-2014-data.pdf

**ErzieherIn.de – Das Fachportal für Frühpädagogik**: Schreiner, S.A.: Flüchtlingskinder in Deutschland-Herausforderungen für die Arbeit auch in Kitas www.erzieherin.de/fluechtlingsarbeit-in-deutschland.html

**KiTa-aktuell.de**: ein Fachportal, Themenspezial Flüchtlinge in der Kita, Praxishilfen und Materialien zum Download: http://aktuelles.kita-aktuell.de/fachinfos/themenspezial-fluechtlinge/praxishilfen/

**Kita-Bildungsserver Sachsen**: Flucht und Migration, Infor-mationsmaterialien http://www.kita-bildungsserver.de/flucht-und-migration/

**Kita-Server Rheinland-Pfalz**: Selbstlernmaterialien zur Sprach-förderung, Module 1-9 https://kita.rlp.de/ReferentInnen-pool.397.0.html

**LakoS – Landeskompetenzzentrum zur Sprachförderung an Kindertageseinrichtungen in Sachsen**: Elterninfobriefe/Down-loads Mehrsprachigkeit in der Familie: www.lakossachsen.de/elterninfobriefe-mehrsprachigkeit/

**Lesen in Deutschland**: Projekte und Initiativen zur Sprach- und Leseförderung: www.lesen-in-deutschland.de und www.lesen-in-deutschland.de/html/content.php?object=jour-nal&lid=1339&start=5&display=5

**Netzwerk für traumatisierte Flüchtlinge in Niedersachsen e. V.**: Infomaterialien und Info-Telefon für Kitas und Schulen www.ntfn.de/

**nifbe – Niedersächsisches Institut für frühkindliche Bildung und Entwicklung (nifbe) (Hrsg.)**: Themenschwerpunkt Flüchtlinge/Flüchtlingskinder in der Kita: www.nifbe.de/191-nifbe/867-themenschwerpunkt-fluechtlinge und Themensammlung/Infos zu Flüchtlingskindern: www.nifbe.de/component/themensammlung/item/293-themensammlung/paedagogi-sche-querschnitts-aufgaben/inklusion-und-diversity/fluecht-lingskinder-in-der-kita/514-fluechtlinghskinder-in-der-kita

**nifbe/Stiftung Lesen**: www.nifbe.de/infoservice/aktuelles/880-vorlesen-und-erzaehlen-mit-kindern-aus-aller-welt

**Susanne Stein**: Traumabilderbuch: Das Kind und seine Befrei-ung vom Schatten der großen Angst. www.susannestein.de/VIA-online/traumabilderbuch-faq.html

**ZTK – Zentrum für Trauma- und Konfliktmanagement GmbH (Hrsg.)**: Flüchtlingskinder und jugendliche Flüchtlinge in Schulen, Kindergärten und Freizeiteinrichtungen: www.ztk-koeln.de/info-broschueren/broschuere-fluechtlingskinder-und-jugendliche-fluechtlinge-in-schulen-kindergaerten-und-freizeiteinrichtungen/

## Bildnachweise

**Bilder Autorinnen**: © privat
**www.fotolia.de**: S. 8 (rechts), 13, 19, 23, 24, 26, 31, 42, 46, 56, 58, 60, 63
**www.morguefile.com**: S. 15 © jaffar; S. 29 © ecerroni; S. 32 © Melodi2; S. 40 (oben) © casiuni; S. 69 © cherylholt
**www.mauritius-images.com**: S. 68
**www.pixabay.com**: alle weiteren Fotos

# Jeden Tag wachsen

Sabine Hirler

## KLANG-KÄTZCHEN & TROMMEL-SPECHT

**Mini-Musik-Projekte für Krippenkinder mit Bilderbuch-Geschichten, Liedern & Spielangeboten**

ISBN (Ordner) 978-3-86702-314-6
ISBN (CD) 978-3-86702-322-1

Elke Schlösser

## WIR VERSTEHEN UNS GUT - SPIELERISCH DEUTSCH LERNEN

**Alltagsintegrierte Methoden zur Sprachförderung bei Kindern mit und ohne Migrationshintergrund**

ISBN (Ordner) 978-3-931902-76-6
ISBN (CD) 978-3-86702-018-3

Wolfgang Hering

## KUNTERBUNTE FINGERSPIELE

**Fantastisch viele Spielverse und Bewegungslieder für Finger und Hände**

ISBN (Buch) 978-3-936286-98-4
ISBN (CD) 978-3-936286-99-1

Monika Krumbach

## DAS SPRACHSPIELE-BUCH

**Kreative Aktivitäten rund um Wortschatz, Aussprache, Hörverständnis und Ausdrucksfähigkeit**

ISBN 978-3-936286-44-1

Ute Schröder

## DAS MITMACHGESCHICHTEN-BUCH

**Spannende, bewegte, lustige, märchenhafte, ruhige und fantastische Geschichten zum Mitspielen für Kinder von 4-8 Jahren**

ISBN 978-3-86702-213-2

Heike und Werner Tenta

## DAS GROSSE ABC-BUCH

**Malen, Spielen, Basteln, Reimen rund um das Alphabet**

ISBN 978-3-86702-043-5

Wolfgang Hering

## AQUAKA DELLA OMA

**88 alte und neue Klatsch- und Klanggeschichten mit Musik und vielen Spielideen**

ISBN (Buch) 978-3-931902-30-8
ISBN (CD) 978-3-931902-31-5

Brigitte Schanz-Hering

## ENGLISCHE BEWEGUNGSHITS

**Die englische Sprache mit Spiel, Rhythmus, Musik und Bewegung erleben und vermitteln. Mit Liedern von Wolfgang Hering**

ISBN (Buch) 978-3-936286-50-2
ISBN (CD) 978-3-936286-51-9

Bleiben Sie in Kontakt

# www.oekotopia-verlag.de